日本の「原風景」を読む

［危機の時代に］

早稲田環境塾

原 剛

写真＝佐藤充男

藤原書店

川西町虚空蔵山から米沢市方面を望む

生者と故人（黒覆面）が交わる西馬音内の盆踊り

田毎の月、高畠町蛇口で

星寛治さんの田に蘇ったヘイケ蛍

海

太平洋に臨む五浦六角堂

不知火海の夕暮れ

安曇野の街を抱く北アルプス連峰と常念岳
（2857 メートル。左端の平らな蝶が岳に連なる円錐形の山）

月山（正面）、**湯殿山**（右側）**連峰の夜明け。神仏が宿り、人々は祈り続ける**（十王峠から）

川

夕陽の日本海に到る三面川

魚野川を漁《すなど》るヤナ場

野鳥

日の出とともに蕪栗沼から飛び立つ雁

里山

星峠の棚田

田沢湖から望む駒ヶ岳（中央）と乳頭山（左）

狩野川沿いに集落と共同浴場とを結ぶ「湯道《ゆみち》」

空と大地を敢然と紅に染める、樹齢1000年超の「三春滝桜」

震災

平泉・毛越寺の浄土庭園と大泉が池

日本の「原風景」を読む

目次

2　山——山岳に宿る神仏　105

5 里山——懐かしい里山を訪ねる 223

補　東日本大震災の現場から　273

日本の「原風景」を読む

——危機の時代に

凡例

一　文中の肩書等は取材当時のものです。

一　写真は、別途明記したものを除き、佐藤充男撮影です。

はじめに――今、なぜ原風景か

ダライ・ラマへのインタビュー

毎日新聞社から早稲田大学に転じて七年たった二〇〇五年二月、客員編集委員でもある私は毎日新聞社の依頼で、チベット仏教の「活き仏ダライ・ラマ」十四世法王へインタビューを試みた。ニューデリーから列車で一〇時間、カシミールに近い西北インドの街パタンコットへ。万年雪のヒマラヤ山脈ダウラダル山地へ向け、信号機が一つもない道を三時間飛ばすと、標高五〇〇〇メートル級の山脈が壁となって覆いかぶさってきた。車の登攀力が限界に達した谷間の急斜面に、宗教集落ダラムサラがへばりついている。

一九五〇年、中国政府に弾圧されチベット・ラサのポタラ宮殿を脱出したチベット仏教の「活き仏」であり、亡命チベット政府の首班（当時）でもあるダライ・ラマ十四世法王の活動拠点である。

インタビューに先だって、亡命政府からダラムサラの要所を訪ね、チベット仏教の思想と実践を学ぶように求められていた。私は五日間ダラムサラに滞在し、二〇年ぶりという大雪に雪崩が頻発するこの地の風景と息詰まる思いで対した。

寒さで眠れない早暁、闇の奥から怒濤が押し寄せるかのような音響がホテルの頑丈な石壁を越して伝わってきた。

音源を確かめようと、崖っぷちの凍てついた雪道をたどると、岩山の頂にあるダライ・ラマ宮殿の寺院の境内に到った。

袈裟をまとってはいるものの、上半身裸に近い二百人ほどの僧侶たちが、吹抜けの大広間で星がまたたくヒマラヤの雪の稜線に向かい、腹の底から発する声量で読経に熱中していた。同時刻にダライ・ラマは独り宮殿で沈思黙考の時を過ごすという。

祈る僧侶たちとダライ・ラマ師によって共有されている、夜明けのヒマラヤの荘厳極まりない風景に、私は深い感動を覚えた。内なる潜在意識が動いた、というべきか。

チベット人たちは靴の底革をかじりながら飢えに耐え、ヒマラヤの峠を越えインド領に逃げ込んだという。万年雪を纏ったヒマラヤ山脈の厳粛な風景は、チベット仏教徒の心のよりどころ、原風景なのであろう。

ダラムサラの聖なる山

早暁、ダライ・ラマ宮殿で祈る僧侶たち

心のふる里としての原風景

本書は『毎日新聞』東京本社発行の朝刊に連載された「新日本の風景」（二〇〇七年八月〜二〇一七年三月）に基づき、構成を大幅に変えて執筆した。その直接の動機はダラムサラでの体験に根ざしている。人心がどこへ向かおうとしているのか。航図の無い漂流に陥って久しい日本と日本人の心の基層を、場所性（topos）が濃厚な「原風景」に表現されている土地から探求し、表現できないか。本書は十年間にわたったキャンペーンの連載を大幅修正し、書き下ろしを加えたものである。

連載第一回目を、秋田県羽後町に伝わる西馬音内《にしもない》の盆踊りの風景から始めた。

約七百年の間踊り継がれてきた、死者と生者が年に一度再会する日本の盆踊りの原風景である。五穀豊穣を願う女性の踊り手がまとう「端縫い衣装」は、代々家庭に所蔵されてきた綿布、端切れを四、五種類、色鮮やかに左右対称に配して縫い上げる。優美に流れるような踊りの、深くかぶった編み笠、秋田美人の白いうなじが夜の闇にひときわ鮮烈に浮かぶ。対する黒覆面の「彦三頭巾」は、あの世から里帰りした故人たちの衣装である。

お囃子のがんげ（甚句）は「お盆恋しや、かがり火恋し、まして踊り子なお恋し」と歌いだされる。現世の悲運を悼み、来世の幸福を願う「願生化生の踊り」が「がんげ」の語源だという。

華やかで生気あふれる「端縫い衣装」の踊り手に、黒覆面に藍染浴衣の亡者たちが親しく交わり踊る景観は、その由来を知るとき、たとえひと時の旅の途上であれ、そこに日本の、北東北の風土と抜き差しならず結びついた原風景を見出し、共感に巻き込まれていく自分に気付いた。

西馬音内盆踊りは、国の重要無形民俗文化財「盆踊りの部」の第一号に選ばれている。毎年八月十六日から十八日まで開催される盆踊りには一五万人ほどが訪れる。

原風景とは何か

人の心を育て、鍛え、挫折した時にはそこへ戻って立ち直ることができる、風土性豊かな自己形成の場である。文芸評論家奥野健男は、島崎藤村の信州馬籠の宿、太宰治の津軽、井上靖の伊豆湯ケ島、大江健三郎の愛媛の山中などを例に挙げて記した。

「これらの作家たちは、鮮烈で奥深い〝原風景〟を持っている。自己形成とからみあい、血肉化した、深層意識ともいうべき風景なのだ。彼らは絶えずそこにたち還り、そこを原点として作品を書いている」(『文学における原風景』集英社、一九七二年)。

一九九四年十月十三日、大江健三郎さんがノーベル文学賞の作家に選ばれた。大江さんは愛媛県松山市に近い内陸部の小さな村、喜多郡大瀬村(現・内子町)に生まれ育ち、作品にも四国の谷間の集落がしばしば登場する。『東京新聞』によれば、受賞に沸く地元の人たちは「ふる里の森や川などの自然に寄せる熱い思いが、大江文学の原点と受け止めている」。

――僕は四国の森の中の谷間をモデルにして作りあげた神話と歴史の舞台を、やはり書き直し続けてきた。小説家は、そのような場所の設定なしに、現実を越えたものを想像し、思索することはできない。そのような自分にとっての特別な場所に、やはり自分で作り上げた人物たちを位置させることで、小説を書くこと、あるいは小説家として生きることは始まるのである。

（大江さんの手記、『東京新聞』十月十四日朝刊）

奥野が指摘する「自己形成とからみあい、血肉化した、深層意識ともいうべき風景」がそこにある。

経済学者で『農の美学』（論創社）などの著書を持つ勝原文夫は、個人の原風景の中には純粋に〝国民的な原風景〟と呼ばれるべきものが重層的に共存していると指摘する。

――国民的原風景が形づくられるには国民的な伝統も大きく影響する。日本人は農村の風景を直接に〝故郷〟という形で〝原風景〟とするばかりでなく、農村に直接故郷を持たない者も、弥生時代から日本人が水稲農耕の民であった伝統をとおし、農村の風景を原風景となしうる。

（『農の美学』）

勝原は小林一茶の句を農の原風景として例に挙げている。

けいこ笛田はことごとく青みけり

ざぶざぶと白壁洗う若葉哉

二〇一八年夏、高校野球選手権で準優勝した秋田県立金足農業高校の選手たちが胸を反らせて歌う校歌（近藤忠義作詩）は、新聞、ＴＶによって繰り返し紹介され感動をもたらした。農の営みが日本人の記憶の原風景に刻まれているからであろう。

〽霜しろく　土こそ凍れ
見よ草の芽に　日のめぐみ
農はこれ　たぐいなき愛

戦争と風景論

日本の近代化途上、風景を文化の表現としてとらえた風景論が三度興った。いずれも戦争に関連する危機の時代であった。

志賀重昂の『日本風景論』は日清戦争（明治二十七～二十八年、一八九四～九五年）が起きて間もない明治二十七年十二月に刊行され、国家意識高揚期の青年たちに迎えられた。

志賀は日本風景の特長を、科学的な面から四つに要約した。

気候海流の多変多様、水蒸発の多量、火山岩の多さ、流水の浸食激烈である。

さらに感覚的な面から三つの特徴を指摘した。

瀟洒　（すっきりあか抜けている）

跌宕《てっとう》　（奔放、堂々としていて細事にかかわらない）

美（美しく立派なこと　感覚を刺激して内的快感を呼び起こすもの）

銀行員、登山家小島烏水《うすい》の『日本山水論』は、日露戦争（明治三十七～三十八年、一九〇四～〇五年）のさ中（一九〇五年）に刊行された。日本で初の本格的な登山のすすめ論であり、風景をかたち作る自然生態系の解説も試みた。山岳修験道に発する日本とキリスト教に由来する欧米との自然観の比較から、風景政策、風景地計画にまで論は及んだ。詳細な一覧表により、山岳を自然（科学）と人間（歴史、人文科学）の諸要因が統合された営みの場とみなし、「山岳とは芸術なり」の卓見に至る（第二章「日本山嶽美論」）。

林学博士上原敬二の『日本風景美論』は、太平洋戦争中の昭和十八年（一九四三年）に刊行された。上原は「信仰の対象とし、敬仰の標的とした霊山に対して人間として『征服』という文字を使うのはそれこそ自然冒瀆である。人に対しても自然に対しても征服思想を抱く間は大成しない」と主張している（総論4「自然と人」）。しかし志賀、小島の論に比べると皇国史観を明示し、国土を根源とした愛国心の発露を激しく主張している。上原の風景論は国際的に追い詰められた後発資本主義国日本の窮状を反映し、社会がゆとりを失った状況を反映しているように思える。

三つの風景論は、いずれも文化としての日本列島の風景美、独自性を讃え、ひいては戦局に配慮してナショナリズムの強調に到る内容であった。

風景から自己（アイデンティティ）を確かめる

二〇一一年三月の東日本大震災と、連動した東京電力原発メルトダウン事故とによって、東北太平洋岸の風景が壊滅し、消去されるのを私たちは目の当たりにした。大津波は水の壁となって土煙を巻き上げ、田畑と集落を蹴散らし、跡形なく消し去った。3・11のあの光景を目にした時、私たちの身のうちから、かけがえのない何ものか、おそらくは私たちの心のよりどころ、行動の足場となる「場所性」（トポス）が、風景と共に失われていくのを感じなかっただろうか。ほとんど制御不能に陥った原子力発電所の苛酷事故を伴い、東日本大震災が文明史的な大事件と言われるゆえんである。

巨大な災害に直面した社会では、元あった姿に復帰しようとする「立て直し・復旧」のエネルギーと、新しい規範に基づいて社会を作り変えていこうと試みる「世直し・復興」の動きとがぶつかり、連動していく。文明史的な経験に学ばず、例えば原発再開に見られる「復旧」の動きは政府、自治体の主導により進められてきた。

しかし、日本社会は3・11から九年を経た二〇二〇年の現在、いまだに世直し（復興）の理念を見出し得ていない。おおいかぶさるように新型コロナウイルスによるパンデミックが地球規模に拡がっている。社会はいわば海図なき漂流に陥り、人心は右往左往している。そのさ中に、文化の基層に発し、自己確認の手がかりともなる風景を読み解き、探求する第四の風景論が、日本人の内面的な欲求として待望されている。

何によって第四の風景論は論じられ、その認識は共有されうるのであろうか。その解への手がかりを得る試みを、私たちの精神と美意識形成のルーツである、文化の基層が表現された原風景を訪ねることから始めたい。そして日本人とは何か、風景の現場でアイデンティティ（自己）の確認を試み、文化に根ざす広範で揺るぎない共感と心構えとによって、世直しに向かいたい。事の成否はひとえに、人々の心構え、覚悟の総和にかかっている。法も制度も企業の社会活動も、本物であるためには、携わる人間の強固な心構えを基盤としなければならない。「強固な心構え」とは文化に根ざした共感であり、場所に根ざし、人間存在の基体となる、これだけは譲れない、「かけがえのない価値」への自発的な認識である。

自然、人間、文化を一体として「環境」と定義し、文化としての環境日本学を探求することが、早稲田大学早稲田環境学研究所（二〇〇八年設立）・早稲田環境塾の究極の目的である。

塾は奥羽山脈の直下山形県高畠町和田と、北海道釧路湿原に隣接する標茶《しべちゃ》町虹別で、地域の人々と親しく交わり、環境とは何か、現場での実践に学んできた。高畠は有機無農薬農法と生産者・消費者提携の原点で、作家有吉佐和子の『複合汚染』の取材現場でもある。標茶では摩周湖に発しオホーツク海へ到る西別川河畔での「虹別コロカムイの会」による「シマフクロウ百年の森づくり」と協働してきた。根釧原野開拓農家の苦闘を描いた開高健の『ロビンソンの末裔』の現場に近い。本書の主張点と骨格は高畠と標茶での実践を裏付けとしている。

このような理由から、新聞連載の記事と写真は本書が提起している世直しの手がかりとしての「原風景」の意義に沿い、大幅に改め構成も変えた。

「水俣湾、二つの原風景」「アイヌの神、シマフクロウへの共感」「蘇る宮沢賢治」「宮沢賢治の海」「3・11と魂の行方」の各篇は、いずれも早稲田環境塾の研究フィールドでの当事者の講義と取材に基づいて新たに書き加えた。「潜伏キリシタンの『あまりにも碧い海』」は筆者が五〇年間、ほとんど毎年釣り目的で訪れている長崎県平戸、生月の島々で得た実感と知見とに基づき記した。

写真は筆者と行動をともにしてきた早稲田環境塾塾生、写真家・佐藤充男氏の撮影による。

5月、花満開の高畠・リンゴ畑

序　まほろばの里で――イザベラ・バードの奥州路

バードへの高まる関心

一四〇年の昔、英国の旅行作家イザベラ・バードがたどった旅路への関心が、いま日本で高まっている。バードの紀行文はロングセラーとなり、『日本奥地紀行』（平凡社）は三〇版を重ねている。幅広い読者層の存在にもまして、この現象はツーリズムのセクターにとどまらない。出版、ジャーナリズムの特集記事、自治体、地域のキャンペーンにイザベラ・バードとその著『日本奥地紀行』がしばしば登場する。

なぜ、今イザベラ・バードなのか。既に存在しない、近代化直前の日本人の多彩な営みを、その綿密な自然の風景描写とともに読み取ろうと努める動きが、バードブームの基本にうかがえる。この時代の地域社会の、普通の人々の日常の暮らしを日本人自身が記録することがほとんどなかったからである。さらに一連のバードキャンペーンの核心にあるのは、失われ、損なわれた「日本人の魂」「ふる里の営み」を顧みようとする意図ではないだろうか。

それらは国家による殖産興国、富国強兵の国策、急激な近代化政策とは真逆の地域住民の領域である。

バードの旅の作法にも注目したい。バードについて多くの著書がある米沢市在住の作家、伊藤孝博さんは次のように指摘する。

「バードは旅行する世界を、文献で調査して、深く知り、あらかじめ旅の対象を勉強して、開眼していくのではなく、旅の最初にあるがままの自分を置く。自分の人生に旅を重ね、世界に出会い、その場その場で自分にとりこんでいく。そこで自分に出会って行く。旅をしながら自分に親しみ、自分の内面性に対していく。自分と出会っていく道程が『日本奥地紀行』の記録ではないだろうか」。それは商品化された旅ではなかった。

さいわいバードの旅路に描かれた「日本奥地」の、具体的な地名が連続して記述されている東北路で、今でもかってあったであろう風景の残像をとらえることができる。

「イザベラ・バード感動の旅」は、既に世界への旅、とりわけロッキー山脈やチベットなど秘境への単独旅行を重ねていたバードの旅路の一部をたどり、彼女が過去の旅の経験と比較して、かっての日本のどのような風景を心に留めたのか、私たちの関心に連なるバードの視点を紹介する。

高畠にみる原風景

「文化としての蛍の灯」「田毎の月」は、バードが讃えた奥州路の人々が作り成す風景の地の原像を、バードの旅路にある山形県高畠町に訪ねた。高畠町の和田地区は一九七四年、『朝日新聞』朝刊に連載され、レイチェル・カーソンの農薬害告発の書『沈黙の春』に比肩された、作家有吉佐和子の『複合汚染』の取材現場でもある。

バードは高畠で、明治政府の山形県令三島通庸による大規模な国道建設と電柱が連なる日本の近代化の風景を目撃する。現代のバードへの高い関心の背景には、近代化で得たものと失ったもの、とりわけ私たちが感じている漠然とした不安感、落ち着かなさの源はなにか、を理解したいとの望みがあるのではないだろうか。現代高畠の風景は、それらが何に由来しているのか、その一端を私たちに語りかけているように思える。

高畠は一九九四年八月八日、筆者が『毎日新聞』の敗戦五〇年特別社説「生きる」に書いた「宮沢賢治の理想を求め――まほろばの里に共生する農」の取材現場である。ひき続き一九九八年から二〇〇八年まで、早稲田大学大学院アジア太平洋研究科で筆者が担当したゼミナール「環境と持続可能な発展」の、さらに二〇〇八年以降は早稲田大学環境学研究所早稲田環境塾のそれぞれの調査研究、合宿の場でもある。塾叢書『高畠学』(藤原書店)にこの間の試みをまとめた。

「持続可能な社会の発展」の原型(proto-type)を模索するため高畠を訪れた塾生たちは、人々の積年の営みが表現されている高畠の風景に、「内発的な社会発展」の原型像を共通して読み取っていた。「内発的発展」は本書の全体に通じる視点でもあるので、本書を理解していただく手がかりとして夏目漱石の内発的発展論を紹介しておきたい。

夏目漱石の警告

社会の発展型に内発と外発があることを、日本で最初に鮮明に指摘したのは夏目漱石である。漱石は明治四十四年(一九一一年)八月和歌山市での講演「現代日本の開化」で次のように述べている。

――西洋の開化(すなわち一般の開化)は内発的であって、日本の現代の開化は外発的である。ここに内発的と云うのは内から自然に出て発展するという意味でちょうど花が開くようにおのずから蕾《つぼみ》が破れて花弁が外に向かうのを云い、また外発的とは外からおっかぶさった他の力でやむをえず一種の形式を取るのを指したつもりなのです。もう一口説明しますと、西洋の開化は行雲流水のごとく自然に働いているが、御維新後外国と交渉をつけた以後の日本の開化は大分勝手が違います。

――今の日本の開化は地道にのそりのそりと歩くのでなくって、やッと気合を懸けてはぴょいぴょいと飛んで行くのである。開化のあらゆる階段を順々に踏んで通る余裕をもたないから、できるだけ大きな針《はり》でぼつぼつ縫って過ぎるのである。足の地面に触れる所は十尺を通過するうちにわずか一尺ぐらいなもので、他の九尺は通らないのと一般である。私の外発的と云う意味はこれでほぼ御了解になったろうと思います。

――現代日本が置かれたる特殊の状況によって吾々の開化が機械的に変化を余儀なくされるためにただ上皮《うわかわ》を滑って行き、また滑るまいと思って踏張るために神経衰弱になるとすれば、どうも日本人は気の毒と言わんか憐《あわ》れと言わんか、誠に言語道断の窮状に陥ったものであります。

明治四十四年の社会状況の分析とは思えない。現代日本人のたたずまいに通底する漱石の透視眼である。「現代日本の開化」は高畠の人々の営みと自然と文化、すなわちこの土地に表現されている風景を解読する参考になるであろう

イザベラ・バード感動の旅――米沢平野

神の山々が囲む、東洋のアルカディア

西南戦争の翌年、明治十一年（一八七八年）七月十三日、英国の高名な女性旅行作家イザベラ・バード（当時四十六歳）が阿賀野川伝いに険しい峠路を徒歩と馬で乗り越え、新潟県境から山形県小国町にたどり着く。快晴の宇津峠に立ったバードは眼下に広がる米沢平野の景観の「気高い美しさ」に心を奪われ、欧州の人々が憧れる楽園、エデンの園、東洋のアルカディアと絶賛する。今から一四〇年の昔、近代化以前のこの地の夏の日に、バードは何を見たのだろうか。

「エデン」とは人類の始祖が住んだという楽園、旧約聖書に記された「アルカディア」は、ギリシャのペロポネソス半島の中央部、高山を巡らせた地味ゆたかな隔絶された楽園である。美しい田園風

イザベラ・バード（1831-1904）

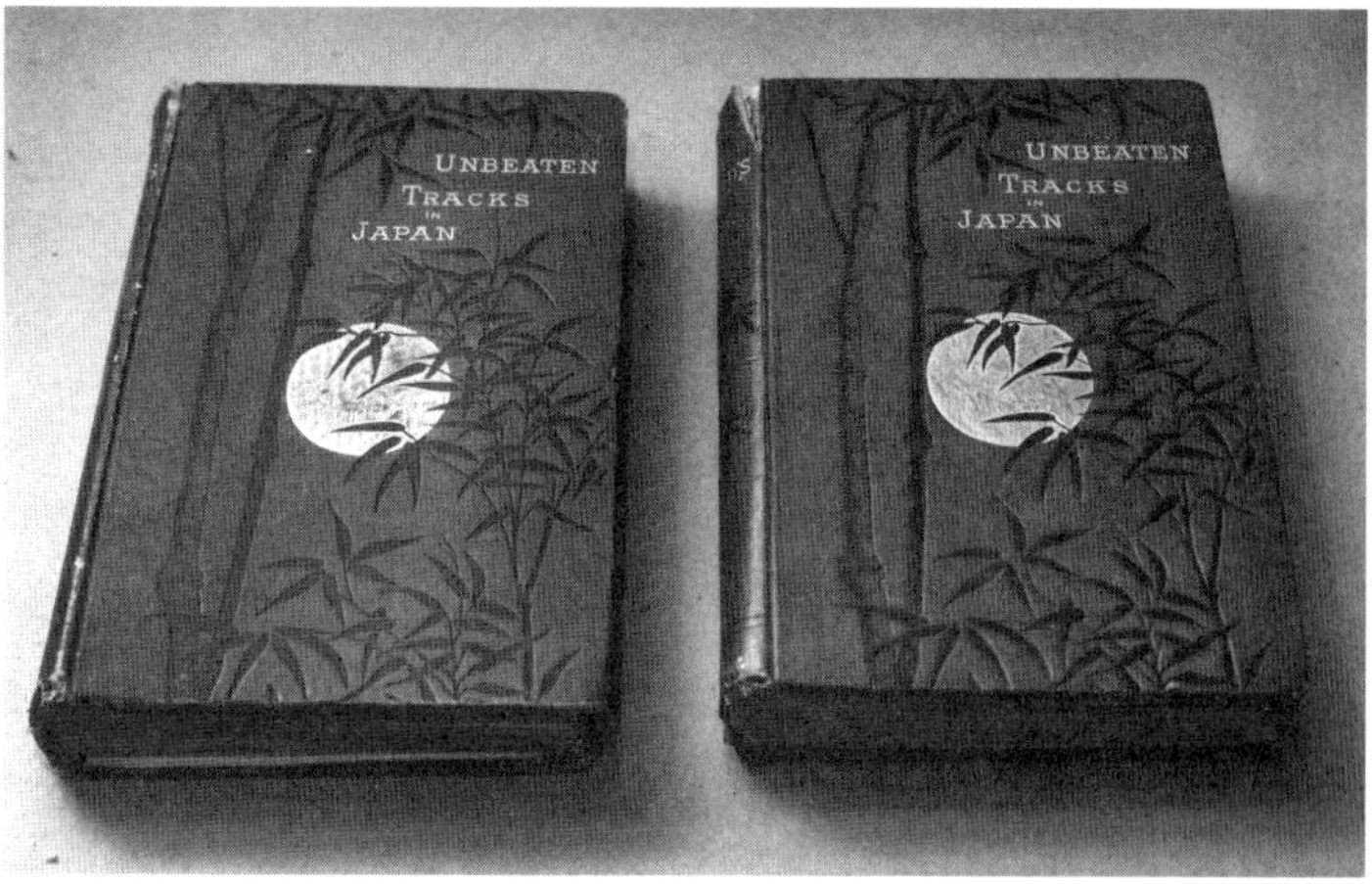

Unbeaten Tracks in Japan(1881) 上下巻
（ハイジアパーク南陽、イザベラ・バード記念コーナー所有）

景の英国に育ち、カナダ、アメリカ、オーストラリア、ニュージーランド、ハワイをすでに旅していたバードが、なぜこれほどまでに山形米沢平野（盆地）の風景に共感を抱いたのだろうか。

いずれも原題は『日本の未踏の地（Unbeaten Tracks in Japan）』である時岡敬子訳『イザベラ・バードの日本紀行　上巻』（講談社）、高梨健吉訳『日本奥地紀行』（平凡社）を携え、米沢街道から糠の目街道を経て、あるいはJR米坂線から奥羽本線（山形新幹線）伝いに、小国、飯豊、川西、米沢、高畠、南陽を縫って「アルカディア街道」をゆっくりたどってみよう。

「好天の夏の日、雪を冠した連峰は陽光を受けてぎらぎらと輝き」（『日本紀行』）「日光を浴びている山頂から、米沢の気高い平野を下見ろすことができて、嬉しかった」（『日本奥地紀行』）。眼下を最上川が北へ流れている。「東洋のアルカディア」、理想郷を、バードは江戸から明治へ、彼女の英国をモデルに近代化へ向かおうとしていた東北の一隅に発見した。

米沢の平野は南に繁栄する米沢の町があり、北には湯治客の多い温泉の町赤湯があって、申し分のないエデンの園で、「鋤ではなく絵筆で耕されて」おり、米、綿、とうもろこし、たばこ、麻、藍、大豆、茄子、くるみ、瓜、きゅうり、柿、あんず、ざくろをふんだんに産します。微笑みかけているような実り豊かな地です。繁栄し、自立した東洋のアルカディアです。

（『日本奥地紀行』）

アルカディア街道が南北に縫う置賜《おきたま》盆地を、夏も雪をとどめる吾妻、蔵王、朝日、飯豊と登山者憧れの山々、山そのものが「神」とあがめられる「神体山」がぐるりとり囲んでいる。高山に囲まれて孤高を保つ、ギリシャの神々の里アルカディアをバードはそこに連想したのであろう。

「米沢平野（置賜盆地）は日本の花園の一つである。木立も多く、灌漑がよくなされ、豊かな町や村が多い」（同書）。当時の農民たちは小作人であったが、一戸の耕地面積は現在の倍強の約四ヘクタールと広かった。その上、鬼面川扇状地の一帯は美田で知られる。現在でも水田一〇アール当たり一二俵（七二〇キロ）を収穫する（全国平均は一〇俵弱）。バードは「圧迫とは無縁――東洋的な専制の元では珍しい光景である」、と記している。キリスト教徒バードは、そこに旧約聖書に記された人類の始祖たちの楽土、エデンを思い浮かべる。農民たちは小作農であったが、この土地では地主から圧迫されず、〝自分の土地〟を自由に耕し、自立して暮らしていたと思われる。

厳しい自然を生き抜く結の文化

孤立を保ったギリシャの楽園アルカディアとは異なり、米沢平野は戦国時代に左遷された米沢藩の命運を担った藩主、上杉鷹山の必死の国興の場、明治維新を迎えた東北列藩同盟の敗残の舞台だった。バードが訪れた当時、その強烈な開発政策で時には住民の反感をかった明治政府の初代県令、三島通庸の道路づくりや産業興しなど激動の近代化の渦中にあった。現在の川西町から二つの川を渡ってバードは高畠の辺りにさしかかった。七月中旬は養蚕の盛りで、村人は蚕の面倒見に忙殺されていたであろう。

桑の葉を一枚一枚採り、蚕の状態によっては、葉の芯を除いて包丁で葉をみじん切りにして一日六回与えなくてはならない。蚕は四回眠り脱皮し続ける。桑の葉を食べなくなったらまゆをつくる藁細工に糸を吐いてサナギになる。それを乾燥処理する。とりわけ女性たちは大忙しで、養蚕集落には米沢や福島から手伝いが入っていた。バードは女性たちのそのような姿を生き生きと描いている。

旧米沢最上街道にさしかかると、それまでの幅一・二メートルの道路はいきなり道幅七・五メートルに。しかも両側に側溝があり、電信柱が続いている。降ってわいたような近代化途上の世界に出会う。

行く先々のバードにあてがわれた部屋は、しばしば隅々まで蚕に占領されていた。当時の国際市場へ、日本の唯一の輸出産業が養蚕だった。ブナの森林をまとった連山は、頂にことごとく水神を祭り、豪雪の山岳に発する水は田をうるおし、水田稲作社会を支えている。

バードの旅から一四〇年を経た今もアルカディア、置賜盆地はまごうことなく「日本の花園の一つ」であり続けている。

厳しい自然に対してたゆまぬ努力を重ね、はたらきかけてきた暮らしの知恵が、アルカディアとなってこの土地に表現されていた。飯豊町萩生神社恒例の「荒獅子まつり」（八月十六〜十七日）では、村相撲を勝ち抜いた大関が神の権化荒獅子に挑む。

「時に民を苦しめた神や殿様に村人が戦いを挑む。立ち向かう。何度やられても立ち向かい、立ち直る。東北人の魂がそこに生き続けています」（後藤幸平飯豊町長）。

東北のアルカディア風景は人々のなお語り尽くせぬ思いと厳しい情念とを秘め、私たちに日本人の魂の在りかを語りかける。

「今もその風景は変わっていません。ただしバードが讃えた理想の楽園、楽土とは成り立ちが、歴史が異なります。水に不安がある土地の散居集落では、水源近くに本家を、下流に分家を配し、家ごとに用水堀をめぐらせ、水尻に残飯を流し鯉を飼いました。飢饉に備え、ウコギの生垣は葉を食用に、強風と吹雪に備え屋敷の西側にハンノキ、シオジの林を、さまざまな果樹を南に配したのです」（後藤町長）。

「勤勉であること、そして食べ物を分かち合わないとこの土地では生きていけなかったのです。農業を大切にして厳しい自然界で助け合い、生き抜いていく結《ゆい》（共同農作業）のようなルールがしっかり根付いてきました。限られた田畑を『鋤でなく絵筆で』ていねいに耕さざるを得なかったのです。自然と共に生きる生活の流儀です。」（原田俊二川西町長）。

バードを感動させた奥ゆかしさは今も

横浜出身の通訳兼ガイド伊藤鶴吉を伴ってはいたが、単独行のバードは行く先々で見物人にとり囲まれ、宿の部屋の障子、ふすまにも好奇の眼が連なった。

しかし鍛えられた旅行作家バードは、むしろ人々の礼儀正しさと親切心、そしてなによりも心の奥ゆかしさにうたれる。

手の子《てこ》（飯豊町）の馬逓所で、女たちは暑がるバードをうちわで一時間もあおぎ続け、謝礼のお金を断った。「そればかりか彼らは菓子を一袋包み、また馬逓職員はうちわに自分の名を書いて、私に受けとれというのです」。バードはイギリスのピンを手渡し、「私は日本のことを覚えている限り、あなた方のことを忘れません」とお礼を述べた（『イザベラ・バードの日本紀行』）。

「よぐござったなし（ようこそいらっしゃいました）」。優しく、懐かしい方言が今日も「アルカディア街道」に飛び交う。

飯豊町助役をつとめた菊池直さんが著した『置賜弁方言辞典』は上下二巻、その補筆版が五〇〇ページを超す。英語に巧みなモダンボーイ通訳伊藤だったが、果たして置賜の方言を正しく、聞き取ることが出来たのか、バードへの微笑ましい追憶である。

〈コラム〉 黒沢峠

新潟から山形へ、バードは阿賀野川伝いに越後街道の一三もの険しい峠を徒歩と馬で越えた。

「雨混じりの風が、窓の紙の破れ目から吹き込む中で、煙にむせ返りながら、指先を囲炉裏で温めているのは、わびしいものです」（『日本紀行』）。黒沢峠（山形県小国町）の険しさにもまして、集落の人々の惨めな暮らしぶりにバードはたちすくんだ。

明治十七年、新道の新潟―山形線が開通、黒沢峠道は廃道となった。

良寛和尚、直江兼続、西郷吉之助、そしてイザベラ・バード、原敬。黒沢峠を越えた人たちの足跡を思い、その記憶を後世に伝えようと昭和五十五年、集落の二一戸がこぞって「黒沢峠敷石道保存会」を結成、旧道の発掘、復元作業を始めた。

「峠を越えたバードの達成感はどれほどであったか。その勇気を思い、集落が力をあわせて歴史の記憶を甦らせようと自発的に作業を始めました」。黒沢峠敷石道保存会の保科一三会長は顧みる。

共感は広がり、二千人を超す高校生やボランティアが加わる。幅二メートルほどの胸つき八丁路はところによって二メートルもの土砂に埋もれていた。ブナの森を縫い辛うじて旧道の痕跡が残っていた。五年半の作業で四〇センチ四方ほどの砂岩三六〇〇枚を敷き詰めた峠道が現れた。「作業を終えてバードの旅路の達成感を思いました。この土地に生きる力を若い人たちに伝えたかった」。保科さんの言葉に力がこもる。「峠に立てば

黒沢峠路と保科一三保存会長

一三六年の時間を超えて、バードの苦労と感動を私たちも分かち合うことが出来ます」。

　黒沢峠路は文化庁の「歴史の道百選」に選ばれた越後街道にあって、「これほど美しく特徴ある街道は『歴史の道百選』の中でも唯一のもの」と高く評価されている。

　十月恒例の「黒沢峠祭り」は二八回を数えた。JR米坂線小国駅から三・六キロ、峠まで二時間半のトレッキングに東京、千葉、京都、神戸からも常連が加わる。

文化としての蛍の灯——高畠

詩人の志、農民の努力、蘇った大地

いくつものトンネルで奥羽山脈を越え、東北・山形新幹線は高畠駅へ着く。山形県東置賜郡高畠町。最上川が北へ流れ、蔵王、飯豊、吾妻の山並みが東、西、南へ連なる。一八七八年、イザベラ・バードが「東洋のアルカディア」、「エデンの園」と記した米沢平野の山沿いに高畠町はある。土地の人々が「まほろばの里」と呼ぶ美しい町だ。

置賜は国のまほろば　菜種咲き
若葉茂りて　雪山も見ゆ　（結城哀草果）

まほろばとは『古事記』などに記された「まほら」、丘や山に囲まれた稔り豊かな住みよい所を意味する。

七月に入ると、里山の田んぼにヘイケ蛍、山あいにはゲンジ蛍が飛び交い、水辺では「キュルルルー」、カジカが涼しげに鳴く。

一九七三年、農薬と化学肥料を多投する農法に危険を感じた二十代の農民三八人が、農民詩人星寛治さんを指導者に有機無農薬の稲作りに踏み切る。奥羽山脈の直下、「クマ出没」の旗があちこちに翻る中山間地稲作の行く末を有機無農薬農法に托した決断でもあった。余剰米の処理に行き詰まった政府が、米の生産調整（減反）を始めた年である。共感する首都圏の消費者がコメやリンゴを買い支えた。コメの値段は蛍が住める環境の保護費込みで、四四年間変わることなく六〇キロ三万五千円で取引されている。平均的な米価の三倍に近い。「環境支払」の原型だ。有機無農薬の稲作り、支援する都市の消費者と手を結ぶ生産者・消費者提携活動は一九七三年、高畠和田地区から始まり全国へ広がった。

奥羽山脈の直下、高畠町の和田地区は、一九七四年『朝日新聞』に連載され、大きな反響を呼んだ有吉佐和子の『複合汚染』の取材現場となった。有吉がその味わいを激賞した紅玉リンゴの樹を、星さんは今も大切に育てている。

「有機無農薬農法とは、地上に生きるすべての生命に優しく接触し、かかわっていくことです」。星さんはそう語る。

蛍の灯は、大地にいのちが蘇ったことを伝える自然のシグナルなのだ。一九八九年、星さんは町

星寛治さんと完全有機無農薬栽培田

草木塔

の教育長に推された。全ての小・中学校に田んぼと林を贈り、耕す教育を始めた。志は今もしっかり受け継がれている。

築二五〇年、堂々たる民家を「民俗史料館」とし、ここを拠点に東京、大阪の著名な大学がこぞってゼミナール合宿を開き、星さんの講義を聴いた。都会からの援農者たちの集いの場にもなっている。その庭の一隅に、「子供に自然を、老人に仕事を」と刻まれた有機無農薬農法の指導者一楽照雄の石碑が。

農民一揆と自治の精神

一六六四年、米沢藩は江戸幕府から半領削封を受け、以来屋代郷（現在の高畠）は幕領地となり同時に同藩の預地となった。上杉鷹山による改革がおこなわれる以前の米沢藩は厳しい重圧政治を行い、年貢の滞る貧農は取り潰す年貢徴収第一主義をとった。悪政と言われた重税や専売制も加わり、屋代郷の農民は米沢藩支配を嫌い、代官が直接支配する幕領地を望み、しばしば米沢藩からの離脱運動、一揆へと打って出た。

町立二井宿小学校は学校農園で生徒たちが作る野菜類を用い、五〇パーセントを超す高い給食自給率で知られる。校庭の一角から巨石に「酬恩碑」と刻まれた石文が見下ろす。農民一揆の先頭に立ち、処刑された肝煎り高梨利右衛門をたたえる碑である。巨大な高畠石の碑が役人に倒される度に、農民たちは力を合わせ、時には女性の髪の毛を編んで綱とし、もとあった場所へ引き戻したと伝えられる。

住民は権力や上からのお仕着せ的な政策に対してしばしば自治、自律ともいうべき特性を発揮した。自らよく考えて行動し、潮流に逆らっても信ずる道を進む気質を住民が培ってきた。戦後の高度成長期に多くの農山村が荒廃していく中、とりわけ高畠和田地区の農民有志は自給、自活を掲げ、地域社会に根ざした有機無（減）農薬運動を点から面状に展開し、「たかはた食と農のまちづくり条例」の制定（平成二十年）へ到る。

ヤオヨロズの神々と共に

高畠で有機無農薬農法が反対勢力と組織に潰されず、点から面へ広く普及していった背景を、星は「自然に対する恐れから発した尊敬と崇拝の中で、ヤオヨロズの神々が共存している柔らかさ、相手を認め合う包容力」に求めている。稲作文化の古層に宿る神々である。天、地、山、海、水の神々、米粒の中にも神が宿ると考えられていた。

深山信仰と里山信仰が共存しているのが出羽の国・高畠の特徴である。イザベラ・バードは里の人々が神社に集い、祭りに興じている光景に注目し、こまめに寺院に立ち寄り、日本人の心に触れようと努めた。

奥羽山脈の麓、有機無農薬農法の近代への復活・発祥の地である和田の集落には、到るところ月山、羽黒山、湯殿山への信仰を刻んだ巨大な高畠石の石碑が保たれている。「一切衆生悉有仏性」、涅槃経の教えを石碑に刻んだ草木塔《そうもくとう》は、全国に約一六〇基が確認されている。そのうち一二〇基が山形県内にあり、高畠には五基が建立され、「草木塔」「草木供養塔」「草木国土悉皆成仏」などと刻まれている。その意味は「一木一草の中に神（霊）を見た、土着の思想を今に残す証」とされる。

この地域では山の神講がいまも営まれている。「十九夜講」あるいは「大宮講」は講の日に集落で寄り合い、山の神の掛け図を掛け、灯明を灯し、神人共食の宴をとり行ってきた。現在その場を公民館に移し、星さんの娘さんたちの世代に継がれ、伝統の祀りが続けられている。

「古峯原《こばはら》講」の会員は、栃木県にある古峯原神社に今も毎年詣でている。成人式にあたる「立志式」も一部の地域に受け継がれている。男の子は十五歳になると行屋《ぎょうや》と呼ばれる場で一週間精進料理で身を潔め、飯豊山や出羽三山（月山、羽黒山、湯殿山）へ向かう。「これらの自然信仰によって近代化の中で共同体、精神的な繋がりを保っています。霊的なもの、神、仏、草木悉有仏性の考え方がこの地域の住民の心の底にあります」（星寛治さん）。

浜田広介——童話の原風景

高畠の風景を彩るのは凝灰岩・高畠石による工作物だ。石塀、石垣、建物の土台、石倉、石段、石畳、道しるべ、囲炉裏、サイロ、水路、少し前には石風呂、石釜などにも使われていた。一方では、古くから石碑、石仏、祠を作り信仰心を高めてきた。出色は荷を負った道中の人たちが、中腰で重荷を置き、憩う〝休み石〟だ。

高畠出身の童話作家、浜田広介《ひろすけ》は休み石の心をうたった。

道ばたの石はいい　いつも青空の下にかがみ
夜は星の花をながめ　雨にぬれても風でかわく
それにだいいち　だれでも　腰をかけていく

まほろばの四季をたどるとき、「泣いた赤鬼」「椋鳥の夢」など広介童話の原風景への共感が深まっていく。

「まほろば・童話の里　浜田広介記念館」は、広介に童話の心を育んだふるさとと高畠の風土を紹介し、広介の挫折と悲しみに発する愛と善意の尊さを伝えている。

晩年、広介は記した。

――わたしは南の方へはいかれない。そこはあまりに明るくて、海は広く波はまぶしくかがやきすぎるようである。わたしは北へかえろう。北を遠くへ行かなくても、ここから北になるという境目にとどまるだろう。境目というのは、どこか。（中略）青い林野のカヤのくさむらにアザミの花の咲くところ、そのほか、どこであろうとも、こころもちのおちつく所であればよい。

（「北の自然と人」）

広介童話「むくどりの夢」の碑（福島県境・鳩待峠）

東日本大震災と原発事故による被災を逃れ、数千人が奥羽山脈を隔てて隣り合う福島市から、栗子峠を越えて高畠へ避難した。浜田広介記念館は避難児童たちの拠点となり、住民たちはさまざまに工夫を凝らし、子どもたちを支援し続けている。

〈コラム〉高安犬と犬の宮

椿勉は銃を撃ち損じた。瞬間、熊の剛腕が顔面に。顔は崩され、眼球がゆがんだ。おびただしく血を流し、椿は倒れた。意識が切れかかった時、猟犬が家の者と現れ、椿は命拾いした。高畠町最後のマタギ（猟師）椿は今七十八歳、昨冬、自慢のライフル銃を手放した。森の奥に〝遊び小屋〟を作り、自適の日々を送っている。

「熊がちょくちょくおれの小屋に来て、山神サマの方さ、ずぅーと下がってえぐなョ。ぶっかることも、あっこでナ。ンでも、おだがえ、わがってえっから何もしね。会えだくなっと、来んナだべ」（熊が時々、私の小屋の脇を通って神社の方へ降りて行く。顔を合わせてすれ違うこともあるけどそれまでよ。両方とも何もしない。お互いによく分かっているから何もしない。会いたくなると来るんだ）。

椿は作家戸川幸夫が直木賞を受賞した『高安犬物語』のモデル、四〇頭を仕留めた熊撃ちの名人吉蔵こと椿義雄の孫である。

椿が暮らす高安の集落は、幻の日本犬・高安犬《こうやすいぬ》のふる里だ。家人に急を知らせ椿の命を救った猟犬は、既に姿を消していた高安犬の血筋を引く勇敢な日本犬だった。「犬張子を思わせるガッチリした体つきの、戦闘的な狩猟犬《またぎいぬ》」（『高安犬物語』）は犬の宮に祀られ、参拝者が絶えない。

杉の巨木が天を圧する岩石の参道を辿ると、山の中腹に権現造りの拝殿と本殿が鎮座している。高安犬の伝説に絡む「犬の宮」南無六道能化地蔵尊である。

犬の宮を守る高安犬の像

愛犬の願い事や冥福を祈る写真、メッセージが、拝殿にぎっしり供されている。近くには、これまた住民を救った伝説の猫をまつる「猫の宮」が。現金代わりに使える商品券の「ワン券」「ニャン券」も町内で流通する。

七月に「全国ペット供養祭」が村の鎮守である犬の宮で行われる。

犬宮別当林照院（天台宗）と猫宮別当清松院（曹洞宗）の住職が読経、二井宿語り部の会会員が昔話を語る。

田毎の月——高畠

日本人の美意識の源

六月、田も人も生気に満ちる。満々と水を湛えた田の面に、植えられたばかりの稲が水面から一〇センチほど、まっすぐに頭をのぞかせる。

完璧にめぐらされた農道と水路。しっかりとアゼで区切られ、水口と水尻とで水路につながる肥沃な水田。この光景は日本列島が水田という生産装置を完備した、世界に冠たる自然・農業資源の大国であることを思わせる。水田の他に雑木林や鎮守の森、屋敷林、生垣、用水路、ため池、アゼや土手・堤などがつながりをもつことで、多くの生物が育まれ、さまざまな生態系が培われている。私たちの命の基盤である水田光景の美しさ、安心感はたとえようがない。二〇一〇年名古屋で開催された国連生物多様性条約の加盟国会議に日本政府が提案し、採択された「里山プロジェクト」の原点である。

前面に広々とした水田を抱き、社寺を分散させ、地形は徐々に傾斜度を高めていく。陰影に富む、山ひだの深い奥羽山脈に連なる高畠町和田の景観は、縄文・弥生時代に遡るこの地の狩猟・漁労・農耕の記憶をよび覚ます原風景というにふさわしい。高畠は縄文遺跡の町として知られる。東京や大阪からこの地に憧れて移住した約八〇人の多くは、懐かしさを誘う「風景の魅力」を第一の移住動機に挙げている。

初夏の夕、涼風がわたり、蛙声が一段と高まる田に月が昇る。水深一五センチの田の稲はまだ若く、畝で整然と区切られたどの田にも月は煌々と映る。日本人の美意識を培ったと言われる田毎《たごと》の月である。

JR東日本「車窓の風景」第一位に選ばれたのは、長野県篠ノ井線の姨捨《おばすて》駅のあたりから千曲川に降下する棚田に映える田毎の月である。日本列島の全ての水田に田毎の月は輝く。田毎の月に培われた日本人の感性は、水田稲作文化の華と讃えられる。この季節、高畠町・和田の棚田も一枚一枚が水面に月を映して輝く。

冬の二井宿。イザベラ・バードは遠景の盆地をたどった（有本仙央撮影）

奥羽山脈直下に刻まれた和田の棚田

蛍に魂を奪われて

宮城県境に近いかっての宿場、二井宿の大滝川流域はゲンジ、ヘイケ、クロマド、ヒメ蛍の四種が生息する全国屈指の蛍の宿である。二井宿では農薬、洗剤の使用を控え、森の伐採を中止、蛍の餌カワニナを食べるイワナを放流する遊魚漁をやめるなど、「ゲンジ蛍とカジカ蛙愛護会」（島津憲一会長）に加わった住民たちの一九九八年に始まる努力が実った。七月初め川沿いの家々は照明をひかえ、蛍の灯を際立たせる。

陸生のヒメ蛍が林床に放つ光は強烈だ。「蛍を見慣れた人でさえ、三六〇度、シャンデリアのように輝くヒメ蛍の光には、魂を奪われて、圧倒的な感動を覚えるようです」（島津会長）。

声はせで身をのみこがす蛍こそ言うより勝る思いなるらめ　（『源氏物語』）

夏は夜　月の頃はさらなり　やみもなほ蛍のおおくとびちがひたる　（『枕草子』）

米沢藩の名将直江兼続も高畠の名刹亀岡文殊で歌会を催し、蛍の歌を詠み、奉納している。

全校児童三九人の「大運動会」に沸く

快晴の五月十八日、高畠町立二井宿小学校で「大運動会」が行われた。全校生徒三九人、峠の向こうは宮城県の、山あいの森に一四〇年の歴史を刻んできた。

地元の杉材で建てた木の香漂う校舎二階に、「三九人　力の限り　全力勝負！」のスローガンを記した横断幕が。百人ほどの村人が見守る。赤組・白組の対抗戦で、「組頭」「副組頭」の五・六年生は足元に届く鉢巻きを締め、三・四年生の応援団は全力で太鼓を叩き、舞い、この間まで幼稚園児だった一年生四人は、全身をのけぞらせて大学応援部顔負けの振りを披露。実行委員、看板・会場係、放送係と全員が役につき、全員が走り、投げ、綱を引き、応援合戦に加わる。全てを同時にこなさなくてはならず、三九人は一人でいくつもの役を進行させなくてはならない。休む間もない四時間に子どもたちは全力を尽くす。おりをみてはエールを交換し、励まし合う。大人たちは笑いと涙の声援と拍手を送り続ける。長老佐藤吉男さんの姿も。高い給食自給率で知られる二井宿小学校農園の支え手だ。校庭を囲む山々の樹種を佐藤さんは知り尽くしている。

絶句した北京の記者、ＮＧＯの代表たち

日本環境ジャーナリストの会は、中国屈指の環境活動家とジャーナリストたちを「日中環境ジャーナリスト・ＮＧＯ交流セミナー」に招き、二井宿小に案内した。少なからぬ者が天安門事件の当事者である。

リヤカーにネギ、カボチャを積んで汗を流す児童たち、地元産のスギ、ヒノキを使った教室で涼

風とセミしぐれに包まれて授業中の児童たち。中国人たちは至るところでリンゴのような笑顔の子どもたちから「こんにちは」、弾んだ声を浴びせられた。東京では見せたことのない、晴れ晴れとした笑顔で、だれもが「ニイハオ！」と答礼した。

二井宿小学校生徒六八人のうち八人、お隣の保育園児一一人のうち二人は中国人の母を持つ。伊澤良治校長先生からそのことを知らされ、中国人たちの表情が一瞬緊張した。

日本人と日本の社会を、必ずしも肯定的に評価しないジャーナリストとNGO指導者たちである。だが高畠取材後、全員が「高畠で驚くべき日本人たちに会った。日本が見えてきた」とリポートにその感動を記した。

中国共産党機関紙『光明日報』の馮永鋒《ひょうえいほう》記者は一篇の詩を残した。

水杉（アケボノ杉）～星寛治先生及び日本の友人へ～

二つ、三つ、四つ人類の村落の間に
空が大地と情感を交わす処に
固い岩が海に流される前に
貴方が六〇年間に醸し出した思いを人々が撒《ま》き散らした
そして、この大地に存在するあらゆる柔らかい成長と繋がった
共に繋げばそれは遥かに我々を越えていく

雀に庇護を与え、蛍の幽《かす》かな光を揺らして
神の翼下に彼らの棲家《すみか》を作り
鳥たちは戦いを止めた。
この世に常にこのような樹がそびえ立ち
他の土地の樹の傍らに立ち並んでほしい。
（抄訳　董振華）

杉は高畠共生塾の庭にそびえるセコイアの大木である。

後日北京を訪れた日本の環境ジャーナリスト、NGOの代表者たちは、尖閣諸島問題で険悪な反日群衆で混雑する日曜日朝の北京動物園入口に集合した。幼児を抱いて現われた馮記者は、群衆に向かってマイクで私たちを紹介した。「今日、ここに日本人の客を大勢招いた。これから北京の水道水源の汚染を一緒に調べる」。私たちは馮が主宰するNGO「自然大学校」の緑の大旗を押し立てて、河畔の雑踏に向かい行進した。

心耕して　春を待つ

六月、ケヤキの巨木が入道雲のように連なる校庭際の大滝川に蛍が舞い、カジカが歌う。

二井宿小学校の児童たちは、自らが作詞、須貝智郎先生が作曲した「二井宿　里山の詩～草木塔讃歌」を元気よく歌い続ける。

おおけやき
芽吹いて　若葉も輝いて
峠の古道に　山桜
僕らは田畑耕して
種をまく

カエル鳴く
大滝川に　ホタル飛ぶ
優しき命　夏の夜
僕らは　田んぼに入って
草を取る

草木塔
屋代の郷を　見守りて
貝吹山も　雪化粧

僕らは　心耕して
僕らは　心耕して　春を待つ
心耕して　春を待つ　（一部略）

「鋤ではなく絵筆で耕され」ている「微笑みかけているような実り豊かな土地」にイザベラ・バードは深く感動した。一四〇年昔の風景だ。いまも子どもたちの心を耕す「里山の詩」にその風景は歌い継がれている。

二井宿小合併の計画に、二井宿の人々は、最良の場所に、土地の山から最上質の木材を得て総木造りのみごとな新校舎を建てて応えた。

3・11と青鬼クラブ

東日本大震災・原発事故後の風評被害は、高畠伝統の生産者と消費者との提携にもおよび、支援を必要とする事態となった。早稲田大学を拠点に、「文化としての環境日本学」を探求している早稲田環境塾と長年交流していた高畠側の都市・農村交流塾「たかはた共生塾」とが手をつなぎ、二〇一四年春「青鬼クラブ」を発足させた。「青鬼クラブ」とは、高畠出身の童話作家浜田広介の「泣いた赤鬼」の親友〝青鬼〟にちなみ、「本当のともだち」を意味する。

学校農園に集う小学生たち

農産物の生産・消費の提携にとどまらず、どうすれば明日に希望のもてる地域社会が築けるのか、を課題に東京と高畠で共同セミナー、援農プロジェクトを始めた。定評のあるコメ、リンゴを中心に、季節の産品とその生産情報を細やかに捉えて交流し、学び合い、参加し合う新しい都市・農村の交流のモデルづくりを試みてきた。お堀端の毎日新聞東京本社一階のメディアカフェが産品販売と講演、議論・討論の場に。社会学の第一人者栗原彬立教大名誉教授らが加わった。催しは新聞社のネットで全国に発信された。カフェは町立高畠中学校の生徒たちの修学旅行の訪問先となった。

生徒たちが持参し、展示した農作物はかなりの量であったが、三〇分ほどで完売、四六人の生徒たちはお礼に「マイロード」などを合唱し、取り巻く人々の拍手を浴びた。

全国で唯一、県内の全市町村に温泉が湧く山形にふさわしく、高畠にはかけ流しの温泉場が三か所ある。JR高畠駅の改札口を出て、駅舎内をそのまま左へ五歩も歩けば、そこは町営温泉「太陽館」の番台だ。駅ホテル・フォルクローロから浴衣姿の客が、改札口に並ぶ高校生たちの列を横切って朝の温泉へ向かう姿がほほえましい。

高畠産のコメ、リンゴ、デラウエア種ブドウ、ラ・フランス、マツタケなどは高く評価されている。乳製品、蕎麦の人気も高い。造り酒屋が三軒競い合う。

二〇一八年、たかはた共生塾の農民たちは、山形県の特産銘柄米「かぐや姫の詩」を原料に、地酒「かぐや姫の詩」を醸した。

スタジオジブリの高畑監督の最新作『かぐや姫の物語』は、一般公開に先立ち星さんたちの熱望に応え、高畠町文化ホールで上映され、超満員の約八百人が見守った。銘酒「かぐや姫の詩」の由来である。

有機無農薬農法に踏み切った高畠の青年たちをモデルに、高畑勲監督は既に一九九一年、ヒット作『おもひでぽろぽろ』を製作していた。

〈コラム〉　ばあちゃんの野菜

「ばあちゃーん」。高畠町立和田小学校の二階から子どもたちが手を振って叫んだ。浜田広介の童話「黄金の稲束」の石像が見守る校門の辺りを、自転車の荷台にキャベツと人参を積んで平とよさんがゆっくり近づいて来る。

　今年で四九年間、平さんは自分で作った野菜を和田小に届け続けている。自給野菜組合には今、八人が加わる。「とよさんが一生懸命育ててくれた野菜はとても美味しいです。おかげで私は野菜が大好きになりました」（和田小・平　百恵）。

　子どもたちから山ほど届く礼状を「何十年もしまってあるので、字が薄れてきて」。時には返事を届けることも。

　初夏、月曜の給食メニューは白ごまとバターで味つけした、かって米沢藩の救荒食だったウコギ炊き込みご飯。垣根などに植えられた野草ウコギの小さな新芽を一つずつ摘みとる。

　組合のまとめ役、平ふみゑさんは五十歳のとき、母まささんから引き継いだ。「子どもたちに美味しい野菜を食べさせたい、と畑で汗を流していた母の姿を思ってのことです」。組合が発足をした当時九百人を数えていた子どもたちが、一七〇人に減ったのが気がかりだ。と

二井宿小学校の運動会

もあれ、自給野菜組合の試みは町全域の小・中学校に広がりつつある。学校農園と合わせ、給食材料の自給率が五〇パーセントに達した小学校もある。

高橋聡校長が、この三月に転任した教員が洩らした言葉を明かした。「私の価値観が変わりました。野菜を届けるおばあちゃんたちは、生きていくのに必要なことを全て自力で成し遂げます。それこそ真に素晴らしい人間と思うようになりました」。

黒潮寄せる相模灘と火山を秘めた天城の
山々のはざまに静まる東伊豆の稲取漁港

1　海——抵抗者たちの海

海の風景を場所性（トポス）が脈々と息づいている四か所から紹介する。場所性とは人と自然が織りなす歴史によって、ある考えや感じ方が濃厚に培われ、伝えられている地域、土地柄を指す。注目すべきは社会学などで「トポスが人間の心の基層を作る」とみなされていることだ。本書の冒頭に紹介した奥野健男『文学における原風景』の根拠である。

関連して記した英国の作家ロレンス・ダレルの言、「人間は遺伝子の表現というよりは、風景の表現である」を想起したい。黒潮・土佐のいごっそう、阿蘇・熊本の肥後もっこす像が思われる。茨城県北茨城市の五浦《いづら》海岸に岡倉天心、熊本県水俣市の不知火海には石牟礼道子、静岡県下田の石廊崎には修験道者役小角《えんのおづぬ》、長崎県平戸島の根獅子《ねしこ》の浜には宣教師フランシスコ・ザビエルの魂が宿る。いずれもトポスの特別に強い海辺である。

これらの海景に共通しているのは、時の社会風潮に抗い、政治権力によって〝追放〟された者とその同伴者たちの抵抗の拠点であることだ。

天心は芸術・絵画、石牟礼は文芸・小説、役小角は宗教・修験道、ザビエルは禁じられたキリスト教をもって社会風潮と権力に抗った。背景にはこれら抵抗者たちの、社会への強力な影響力をおそれ、追放を試みた時々の権力の意向がある。

大方の人心は、今日、追放された側についている。潜伏キリシタンの遺跡が、世界文化遺産に選ばれたのはその一例であろう。

「屈原」の日本画家横山大観、『苦海浄土』の作家石牟礼道子、石廊崎の断崖に住んだ役小角、遠藤周作の小説『沈黙』に記されたキリスト教への思いは衰えることなく、人々を現場に引きつけ、勢いを強めているように思える。時代相というべきか。

太平洋の外海に対する五浦海岸、不知火海の入り江に沿う水俣、間断ない大波が岩礁を嚙む黒潮の石廊崎、五島灘があくまでも碧い根獅子。いずれの風景もまことに清浄で美しい。欧米の多くの海岸が荒涼として、陸地の終わりを思わせるのに対し、本篇に記した四か所の海岸はそのいずれにも、ここから陸地が始まる、端々しさがうかがえる。「瀟洒」「跌宕」「美」を日本風景の特長と讃えた地理学者志賀重昂の『日本風景論』（明治二十七年）が思われる。

横山大観、石牟礼道子もその作品によって、風景に宿り人の心をも領するメッセージを表現することで、社会から失われたかけがえのない価値の復活を願ったのかもしれない。

天才たちが魂こめた海景――五浦

大津波から蘇った五浦六角堂

『茶の本』『東洋の理想』の著者思想家岡倉天心が想い、「生々流転」「屈原」の日本画家横山大観が描き、「赤い靴」「雨降りお月さん」の民謡・童話詩人野口雨情が詠んだ太平洋の海の風景を北茨城市に訪ねた。

北上するＪＲ常磐線に沿って、白砂の浜と紺青の海がすっきりと一直線に連なる。

大津港のあたりで、優美な砂浜は黒松が茂る断崖と岩礁の海に一変する。「日本の渚百選」の海岸遊歩道を経て岬の公園をめぐると、入り江の岩棚から海に突き出したベンガラ朱色の五浦《いづら》六角堂が現れる。二〇一一年三月十一日、東日本大震災の津波で流失した六角堂は、県内外から寄せられ

六角堂からの海景。再建に携わった小泉晋弥茨城大学教授（左）

波の音が伝わる野口雨情の居室（野口雨情生家・記念館）

た基金で翌年四月十七日に再建された。

六角堂再建の目標は、天心の思いを込めた創建当時の姿に復元することだった。四回の海底探査で建物の三分の二が破片状で回収された。しかし、堂の頂、宝珠に一片の水晶（仏舎利の代わり）を蔵した他は新品が用いられた。

いわき市の山林主は六角堂建立一五〇年に合わせ、樹齢約一五〇年、樹高四三メートルの太郎杉を二本提供した。杉の木の芯（赤身）は腐れにくく、潮風にさらされる六角堂に適している。

六面体の堂の大窓の板ガラスは、アメリカ産で、製法からガラスに独特のゆがみがあった。新六角堂にもイギリスから輸入したゆがみが特徴の大ガラスがはめこまれた。ガラス戸越しに天心が眺めていたであろうレトロな波の風景が、いま訪れる人の人気を集めている。

六角堂の朱色の塗料はベンガラ（紅殻）。桐の油を溶剤に、岡山県成羽町の塗師が伝統の技でインド伝来の深みのあるベンガラ色調を再現した。

堂の中央に、栗材を用いた六角の炉が設けられた。東側、太陽が昇り来る離れ磯に、高さ一七〇センチ、重さ二トンの雪見灯籠を配置、「茶室としての六角堂」が完成した。灯籠は御影石の表面を真壁の石職人がノミだけを用いて削った気品漂う作品だ。

設計から材料、建築まで、六角堂は「かけがえのない五浦風景」に寄せられたオールジャパンの資源と知恵の表現と言えよう。

六角堂とアジアの伝統思想

日露戦争さなかの明治三十八（一九〇五）年、天心はなぜ自ら設計して六角堂（国登録有形文化財）を作ったのだろうか。

欧米社会をモデルにした明治日本の近代化期を生きた天心は、日本文化の、とりわけ日本画の伝統に思いを寄せる。中国・インド・日本文化圏を構想、米国のボストン美術館の「中国・日本美術部長」を務める傍ら、英文の『東洋の理想』『日本の覚醒』『茶の本』をロンドン、ニューヨークであいつぎ出版した。

六角堂の再建に携わった小泉晋弥茨城大教授は、六角堂のナゾを明かす。

「朱塗りの外壁と屋根の上の如意宝珠は仏堂の装いです。天心はアジア文化圏の主張を、六角堂によって形にして発信しようとしたのだと思います。ポイントは、地先の岩礁ですね。孔の多い硬い特殊な岩で、中国の文人庭園のかなめ、太湖石を池に配して鑑賞するの景です。六角形は杜甫の草堂である六角亭子の構造、中国のあずまやの基本形です。部屋の中央に炉を設け、床の間を配したのは日本の茶室のしつらえです」。

日本、中国、インドのアジアの伝統思想をひとつの建物、六角堂によって天心は表現しようとした。六角堂の海際の石垣は、ノーベル賞詩人タゴールと行き来し、インドで沐浴していた天心の沐浴の場では、と注目されている。「六角堂は近代化のさなかに、西洋思想による近代化を東洋の価値観で乗り越えようとした天心一流のパフォーマンスの場ではないでしょうか」（小泉教授）。

アジアの伝統思想とは何か、天心は著書『東洋の理想』（一九〇三年／明治三十六年、ロンドンで刊行）の冒頭「理想の範囲」に記している。

アジアは一つである。ヒマラヤ山脈は、二つの強大な文明、すなわち、孔子の共同社会主義をもつ中国文明と、ヴェーダの個人主義をもつインド文明とを、ただ強調するためにのみ分っている。しかし、この雪をいただく障壁さえも、究極普遍的なるものを求める愛の広いひろがりを、一瞬たりとも断ち切ることはできないのである。そして、この愛こそは、すべてのアジア民族に共通の思想的遺伝であり、かれらをして世界のすべての大宗教を生み出すことを得させ、また、特殊に留意し、人生の目的ではなくして手段をさがし出すことを好む地中海やバルト海沿岸の諸民族からかれらを区別するところのものである。（岡倉天心『東洋の理想』）

明治三十八年、日露戦争のさ中、六角堂にこもった天心は、執筆中の『茶の本』に記した。「人類はいま、富と権力を求める巨大な闘争に粉砕され、大荒廃を繕う存在の出現を待っている」と。

——その間に、一服のお茶をすすろうではないか。午後の陽光は竹林を照らし、泉はよろこびに泡立ち、松籟はわが茶釜にきこえる。はかないことを夢み、美しくおろかしいことへ思いに耽《ふけ》ろうではないか。（同書）

大観、波を描く

西洋美術主流に転じた東京美術学校（現・東京藝術大学）の校長職を解かれ、明治三十一（一八九八）年、天心は在野の「日本美術院」を結成した。門下生の横山大観、下村観山、菱田春草、木村武山らが院の拠点五浦に移り住み、日本美の表現、創作活動を展開する。椿の浦に陣取った大観は、躍動する眼下の海景の描写を試みる。「海に因む十題　波騒ぐ」は、黒松が枝を張る岩礁を波濤が噛む瞬間が力強く描かれていた。「五浦海岸の波音」は、日本美術の拠点になった歴史的な景勝地として「日本の音風景百選」に選ばれている。

天心美術館の遺跡に隣接する茨城県天心記念五浦美術館は、窓外に海が光る素晴らしい環境にある。「受け継がれる日本のこころ」をテーマに大観らの業績の紹介、近代日本画の名作展が常時開催されている。

野口雨情を想う

シャボン玉　とんだ
屋根まで　　とんだ

屋根まで　とんで
こわれて消えた

雨情とシャボン玉を飛ばす少年の像を前に「シャボン玉」（中山晋平作曲、大正十一年）を合唱するツアーの人々に、シャボン玉が陽にきらめきながら降りそそぎ曲が流れる。野口雨情記念館は、六角堂から陸前浜街道を南へ約一六キロ、磯原温泉の浜辺にある。

赤い靴　はいてた　女の子
異人さんに　連れられて
行っちゃった　（本居長世作曲、大正二年）

「一番人気は赤い靴です。詩に秘められた実在の少女の悲しみを知り、皆さん雨情の詩を口ずさみ、合唱になり、立ち去り難いようです」（館員・松川美佐さん）。

「シャボン玉」も「赤い靴」も幼くして亡くなった悲運の子どもたちへの切ない挽歌である。「雨降りお月さん」、「兎のダンス」、「七つの子」、「證城寺の狸囃子」、「波浮の港」、それに「船頭小唄」。雨情はこの土地随一の名家に生まれ、坪内逍遥に学び「早稲田詩社」に参加、北原白秋、西条八十と共に、「三大童謡詩人」と讃えられる。生家の没落とともに波乱の人生をたどった「雨情物語」を、野口雨情生家・資料館がくまなく紹介している。波打ち際から三〇〇メートル、雨情は松林をめぐらせた生家の二階から海を、天妃山から五浦岬への風景を眺めて作詩に励んだ。

蜀黍畑《もろこしばたけ》
お背戸の親なし
はね釣瓶《つるべ》
海山《うみやま》　千里に
風が吹く
蜀黍畑も
日が暮れた
鶏　さがしに
往かないか

童話作家の浜田広介はこの詩を「日本詩歌の絶唱」と評し、深い共感を寄せた。

――雨情は晩秋の農村農家のおもむきと、人の世にある、まぬがれたい運命の人間像とを、短章にして刻んだのである。感傷もなく、説明もなく、作者の自然によせる郷愁と、人間に向かって送る同情とが、なんと深く、えらびだされたことばのうえにすえつけられたことであろうか。

「こうして土の上にしっかり踏ん張り、土の上で仕事がしたい。文明が進んでしまって、どっちを見ても、ビルやコンクリートばっかりでやんす。私ら人間が自然と仲良くできるところもほんの少しになってしまいやんした。今しみじみとやさしく包んでくれるのは、この土の香りの大地だけでやんす。私の歌もこの土の香りいっぱいの、ふるさとの自然の中から生まれたんでやんすよ」(「蜀黍畑」への雨情のコメント、大正九年)。

自らの原風景への痛切な回想なのであろう。

市立精華小では生徒たちが企画して「雨情をしのぶ週間」を毎年開催している。合唱、ダンス、紙芝居、絵など全校生徒が参加し故郷を深く愛した雨情の心をしのぶ。

断崖に架かる神——石廊崎

温泉好きの神々

「東ノワキニ相模国、西ハ駿河国、其ノ中間ヨリ豆州ハ遥カニ海中ヘサシ出タル山サキニテ有ルナリ、故ニ出ノ国州ト云フ」（伊豆の地誌『豆州志稿』）。

天城山脈を背負い、黒潮の海に横たわる伊豆半島は、冬も光と暖かさにあふれ、かじかんだ心を解き放ってくれる。

紺青の黒潮がうねる相模灘沿いに熱海、網代、伊東、熱川、片瀬、稲取、今井浜と名湯が連なる。『豆州志稿』はますます楽しげに記す。「伊豆ノ御山ニ出湯アリ、伊豆ノ権現ハ此ノ国ノ鎮守ニテ、此ノ神ハ湯ヲ愛シ、不断湯ノ上ヲ走リ遊ビ給ヘルナリ」。

大和葛木山に住む呪術者役小角《えんのおづぬ》は、その強力な呪術が社会の秩序を乱すと朝廷に恐れられ、六六九年、伊豆に流された（『続日本紀』）。神道と仏教を習合し、山岳信仰に発する修験道の祖である。役小角はこの地で自由自在に空を飛び、海を渡って富士山へ往復したと伝えられる。『日本霊異記』『今昔物語』にも登場する、民衆のヒーローであった。

諸々の神の化身とされる権現様と肩を並べて湯につかる。歴史へのそのような追憶も伊豆ならではのおおらかなロマンであろう。

石廊崎に立てば、黒潮の流れの激しさとうねりの大きさが実感されてくる。眼下に連なる断崖の岩礁は絶えず波浪に噛まれ、高々と波しぶきを上げ続ける。海面下に隠れた岩礁が多く、航海者が最も警戒する難所である。

荒ぶる海神

石廊崎灯台に近い断崖から、吊り下がらんばかりに石室《いろう》神社がせり出して建つ。七〇一（大宝元）年に創立され、延喜式神名帳に「伊波例命《いわれのみこと》」として名を連ねている。伊豆に流された修験道の祖、役小角《えんのおづぬ》が、この断崖で修行中、一条の金色の光が流れ、耳元で囁く声が。「この岬は実に難所だ。吾をまつって守護を受けよ」。これをご神託と感じ、十一面観音を合祀して石室神社に祭ったという。

神社の本殿と拝殿の土台に使われている長さ約一六メートルの檜の柱は、伊豆の七不思議「千石

断崖にかかる石室神社（751年建立）。伊波例命《いわれのみこと》を祀る

江戸城石垣の原型、稲取産の石組み

船の帆柱」である。

明治以前、参道がまだ細く険しい山道だった頃から柱は神前に横たわっていた。

その昔、江戸へ向かう播州の千石船がこの沖で大嵐に襲われた。船頭が転覆寸前の船上から目に見えぬ対岸の石室神社に、船の命である帆柱の奉納とひきかえに助けてもらえるよう一心に誓願すると波は静まり、船は無事に江戸へ着くことが出来た。

帰路、往路の誓願を忘れた船がこの沖を通り過ぎようとしたが、船は一向に進まず次第に暴風雨となった。船頭は往路の誓願を思い出し、総がかりで帆柱を切り倒して海に投じると、帆柱は荒れ狂う大波に乗り、まるで供えられたかのように神前に打ち上げられ、同時に海も静まったという(「石室神社御由緒」)。嵐を招いたのは石廊崎にこもり、鬼神を使役することが出来た、と伝えられる役行者の報復めく仕業であったのかもしれない。

石廊崎から日の出と日の入りをともに見ることができ、丸い地球を実感させられる。強風の海際に一四基の大型発電風車がつらなり、直下にキンメダイやアワビの増殖をはかる水産資源の研究所が。そして、環境庁が選んだ全国星空百選の夜も訪れる。自然エネルギーと資源を管理する漁業へ、持続可能な社会への景観が鮮やかに描かれている。

キンメダイの海

東伊豆稲取産のキンメダイは、日本一美味しいと評判だ。姿煮、シャブシャブ、焼き物によし。旅館料理はアワビ、サザエを脇役にキンメダイが主役をつとめる。漁場は港から一三キロの伊豆大島との中間点、水深二五〇メートル前後、海底が台形に盛り上がり、その岩棚に生息しているソコチヒロエビをキンメダイは主食にしている。他にホタルイカ、ハダカイワシも餌に。

キンメダイは天性の美食家、体形はメタボ気味だ。乱獲を防ぐため底縦縄《そこたてなわ》漁法に限られる。六〇メートルの幹糸に、二メートル間隔で道糸を付け、三〇本の釣り針を仕掛けた変形のはえ縄漁法だ。釣りの仕掛けは各舟二本まで。操業は朝六時から午後三時までに限られる。

巨石に刻まれた歴史

皇居をめぐるお堀の石垣の整然と積み上げられた巨大な角石の多くは、東伊豆の山中から秘術を尽くして切り出され、三千隻もの石舟で江戸へ運ばれた。

巨石に直列の穴をうがち、樫の木製クサビを大槌で叩きに叩いて打ち込み（殺す）、水をかけコモをかぶせておく。くさびは水を吸って膨張し、一夜で巨岩をパクリと割る（大割り）。石のサイ

太綱をまわし、百人力で港へ運ばれた巨石

ズは百人がかりで運ぶ「百人づけ」から「三百人づけ」まであり、修羅と呼ばれる木造のソリに乗せ、太綱をまわして人力で港へ引き出した。修羅と地面がこすれ、煙と歓声があがったという。

市役所のまわりの街角、稲取港、稲取駅前に巨石群とその採取、運搬に用いられた道具類が展示されている。かって行われていたイルカ漁の「鯆《ほ》霊《れい》供養塔」（一八二七年建立）碑も鎮座している。

怪人役小角、源氏の棟梁頼朝、法難の日蓮上人が活躍した伊豆。西国の大名が総動員され、江戸城石垣づくりの矢面に立たされた伊豆。海（開放性）と山（閉鎖性）の狭間で培われたその波乱の歴史が伊豆半島の到るところに刻まれ、生々しく今に伝わる。

〈コラム〉舟霊を祭る

黒潮と北からの海流が渦巻き、冬は西風が強い伊豆の海。漁師はしばしば守護神の舟霊《ふなだま》に救いを求める事態に。キンメ漁師鈴木清さんは操舵室に船霊を祭り、毎月一日と十五日におみきをあげる。「ご神体は髪の毛、人形、銭、五穀類など様々だな」と明かす。恵みと畏れと、自然の素顔を知る漁師たちは信仰心があつい。

舟霊を祭る稲取の鈴木漁協長

鈴木さん一家は、年明けに箱根の名刹大雄山最乗寺に詣でる。護摩をたいてご本尊（道了尊）に祈りをささげ、御札を受ける。

最乗寺は箱根火山外輪の明神ヶ岳山頂近く（三二五メートル）にある。何故漁船が山から舟霊を迎えるのだろうか。

「家（港）へ帰り着くにも、漁場を見つけるにも、山の位置で見当をつける。漁師にとって山は神様だから」（鈴木さん）。稲取の海に面した山々に竜宮神社、恵比須神社など至る所に神社や祠《ほこら》を祭る。

自然への親密感（アニミズム）とおそれ（マナイズム）に重なるように、日本文化の底を流れ続ける仏教の自然観（山川草木悉皆成仏）がこれらの神域にこめられている。

潜伏キリシタンの「あまりにも碧い海」——平戸

平戸島根獅子——殉教の浜

「長崎と天草地方の潜伏キリシタン関連遺跡」一二か所が、二〇一八年世界文化遺産に選ばれた。平戸島からは「春日集落と安満岳」「中江ノ島」が登録された。山岳や島を聖地や殉教地として崇敬しながら、ひそかに信仰を続けた集落とされる。

棚田をめぐらせた穏やかな地勢の春日集落の北東、照葉樹林の分厚い闇に閉ざされた急な山道を五島灘へ向い、海際まで急降下した浜辺に、根獅子《ねしこ》の集落が北向きに散らばる。

筆者はこの五〇年間、釣り場を求めて年に一度は根獅子を訪れている。とはいえ大方の時間は景色に見とれていて、佐世保市在住の釣友中村鐵男さんから「なんば考えよっと。まじめに釣らんば」

潜伏キリシタンの村、根獅子（著者撮影）

遠藤周作「沈黙」の碑（著者撮影）

と叱られる。しかし、禁教の時代にすべての住民がキリシタンであったと伝えられるこのひそやかな入り江で、碧ぺきの五島灘のうねりに対していると、ある言葉がどうしても蘇ってくる。

「人間がこんなに哀しいのに　主よ　海があまりに碧いのです」。長崎市の西郊、角力灘を眼下に外海の断崖に面して建つ、作家遠藤周作の『沈黙』の碑に刻まれた潜伏キリシタンの感慨である。

どのような状況でこれらの言葉が発せられたのか、解釈はさまざまであろう。だが人間、神、自然との交情を真正面から突き合わせ、対置させた感性の極、日本人の土地神とキリスト教との習合への直観のひらめきの、究極の表現であると筆者はその現場で考える。

根獅子では一五六六（永禄九）年に六人、一六三五（寛永十二）年に七十数名の潜伏キリシタンが満潮時には水面下へ没する小さな岩礁に引き立てられ斬殺された。

二十数年の間、日本で司祭と信徒を統率してきたフェレイラ教父も、長崎で「穴吊り」の拷問を受け、棄教に追いやられる。苦難の果てに教父を訪ねた青年司祭と教父は対面する。

――「この国は沼地だ。どんな苗もその沼地に植えられれば根が腐りはじめる。我々はこの沼地に基督教という苗を植えてしまった」。青年司祭は怒りを込めて反論する。「その苗が伸び、葉をひろげた時期もありました」。教父は応える。「だが日本人がその時信仰したものは、基督教の教える神ではなかったとすれば……」「この国の者たちがあの頃信じたものは我々の神ではない」（『沈黙』）。

碧い海と神

静かな根獅子の入り江も、その向こうの五島灘の海原も、海はあまりにも碧い。海は漁《すなど》るキリシタンたちがいのちを繋いできた天恵の場であった。時には荒神と化し、神社に祀り理不尽なその怒りを鎮めなくてはならなかった。海は彼らの神だった。

秀吉、家康の禁教令に追い詰められたキリシタンの、いまわの際の視界を領したのは、「こんなに哀しい」彼らの眼前にうねる「あまりにも碧い海」であった。

カトリック教徒であった遠藤周作は記す。「救いを求めた信者に神は沈黙し続けた」。しかしキリストはその時、「私は沈黙していたのではない。一緒に苦しんでいたのに」（『沈黙』）。

作者の心根は誠に優しい。聖母マリアの母性の愛を思わせる。だが筆者は、潮流渦巻く、平戸瀬戸に面し、日本で最初に建てられた平戸教会に建つ石文の厳しい言葉にたじろぐ。

神
かれらを試み
爐の中の金の
如くためされ
ふさわしき

犠えとして
受け給ひき　（『智慧の書』三ノ五）

海——キリスト者たちの原風景

根獅子の浜で思うことは、沈黙するイエス・キリストと五島灘の晴朗な海とが、海辺の潜伏キリシタンによってその生死の限界状況で対置された時、である。そこでは神と自然（海）が、いずれも彼らの原風景でありえたであろうキリシタンの心の動きを思わざるを得ない。

豊臣秀吉によるキリシタン禁教令（一五八七年）、徳川家康の禁教令（一六一三年）に抗し、根獅子の潜伏キリシタンたちは山岳信仰、仏教、神道の神仏習合の信者を装って弾圧に耐えた。根獅子の旧瀧山家は、玄関・戸口の土間に「荒神様」を、六畳の居間に仏壇を、隣り合う奥座敷には「伊勢神」をそれぞれ祭った。「キリシタンご神体」は主神を装った伊勢神の大きな神棚の傍に、「ご神」として秘匿されていた。荒神様も伊勢神も、日本の神はアニミズムに由来する山や海の自然神である。

信徒たちは浜辺の岩礁で処刑され、天国（パライソ）へ逝った。岩礁は「昇天石」と呼ばれ、浜辺は聖地とされた。海の端に教会の痕跡をとどめるものの、今は岩礁に連なる海の神社によって護られている。

雨よ降れ夜よ暗かれ

入り江に面したうしわきの暗い森の中に、自然石を積み上げた信徒たちの墓地が連なる。一隅に辛うじて判読できる慰霊の碑が。

山翠りに砂白き里根獅子の浜よ
　海青く波静かなり
渚に浮かぶ　昇天石は
　いく度か殉教の血でもて洗はれ
七十余柱のみ霊は
　万斛の恨みを抱いて
此處に眠る　うしわしきの森よ
　雨よ降れ夜よ暗かれ

昭和五十七年　晩秋
平戸市長　山鹿光世

石文に記された「青い海」は、海そのものが処刑された潜伏キリシタンたちを慰霊する神でもあるかのように、訪れる人々の魂に訴え、なぐさめる。根獅子の浜は潜伏キリシタンたちの生国、精神形成の場所・原風景であった。
沈黙するキリスト。語らずとも心をなぐさめる永遠の海。「あまりに碧い海」に神を視ることができたであろう先人たちの、それはかけがえのない原風景ではなかっただろうか。
――人間がこんなに哀しいのに　主よ　海があまりに碧いのです
根獅子の集落は、海沿いの狭い路をはさみ、ひしゃげたように軒を連ねる。「天国」に憧れざるを得なかったのであろう、かっての人々の暮らしの厳しさを今に伝えている。

「海の青さ！」

貝殻が波に洗われて砂粒になったのが根獅子の砂浜である。弓なりの浜の砂の白さはひときわ目に染みる。首まで海水につかり目をやる足指の間に、舞い上る砂粒がキラキラ輝く。夏、釣り糸を垂れていた筆者の傍らで、独り海を眺めていた幼い女の子が突然叫んだ。「海の青さ！」。それは愛らしい長崎弁で、「海が青いよ！」と訴える感動の表現である。

入り江の奥に教会がつつましく連なるこの島で、筆者は祈る。少女の感動を他の人々にも架け継ぎたいと。

かくれキリシタンの原風景「沈黙」

厳しい弾圧下で、生死を賭して信仰を守り通した人々は「潜伏キリシタン」と呼ばれる。一八六五年、開国後の潜伏キリシタンたちは、再渡来していた宣教師と長崎の大浦天主堂で歴史的な会見を遂げ信仰を表明する。キリスト教史に残る「信徒発見」の大きな出来事だった。

勢いづいた信徒の動きを恐れ、弾圧と摘発が再発する。しかしヨーロッパ諸国が強く抗議し、一八七三年、明治政府は禁教の高札を除き、キリスト教は解禁された。

それを契機に長崎の潜伏キリシタンは二つの異なる道をたどった。カトリックに復帰し、教会を建造し、神に祈りを捧げる信者（多数派）と、カトリックへ復帰せず、禁教時代の信仰形式を守る「かくれキリシタン」（少数派）である。

いま世界文化遺産「潜伏キリシタン関連遺産」をたどるとき、小説『沈黙』に登場するフェレイラ教父の問いが蘇ってくる。

「日本人がその時信仰したものは、基督教の教える神ではなかったとすれば……」。

かって存在していた痕跡を、今では辛うじてとどめるに等しい「かくれキリシタン」に、フェレイラ教父の問いは向けられているように思える。「かくれキリシタンとは、信仰が自由な時代である現代社会に、なお弾圧下の形態を守っていこうとして、カトリックとは異質の宗教形態を作りだしている存在である」と定義されている（平戸市切支丹資料館）。したがって長崎県がユネスコ世界遺産委員会に提示した世界遺産登録リストに、かくれキリシタンの遺跡が登録されることはなかった。

カトリックに復帰せず、しかし禁教時代の信仰スタイルを継続したのはなぜか。

近代日本の宗教の一形態を示しているこの原風景の一端は、「日本独自の信仰のかたち」と表現する他はない。

背を没するだんじゅくの繁みの暗闇の底で、かくれキリシタンの末裔たちは「沈黙」を守って消え去ろうとしている。

教典である「聖書」の記述に照らしてみても、その「沈黙」の根拠を見出すことが困難な「日本独自の信仰のかたち」である。

水俣湾、二つの原風景

「魚の精霊」の声

水俣病の発生が公式に認定されてから五〇年、『西日本新聞』の社説は「魚の精霊」の声を聞くことを主題に書かれた。

――その時地底から声が聞こえたような気がしたのです。「思い出してください、そして忘れないでください、あなたとわたしと、この事件の関係を」という声でした。埋めたて地には水銀ヘドロだけではなく、かって湾口に設けられた仕切り網の内側で獲ったおびただしい量の汚染魚を密封して埋めました。声の主はこれらの魚の精霊だったのでしょう。

東京ではこのような社説は書けない。筆者は毎日新聞論説委員を長年つとめてきたが、精霊の話など社説で書いたら「どうかしてるんじゃないか」と言われるだろう。しかし社会問題としての水俣病を論じる『西日本新聞』の社説は「魚の精霊」をキーワードに据えている。

――胎盤とへその緒を通して、メチル水銀に犯された胎児性患者も相次いで生まれ、胎児性患者の母親はこの子を宝子と呼んで愛しみます。自分が食べた水銀毒をこの子が全部吸い取ってくれた。私の命を守ってくれた。だから宝子なのだ、と。胎児性患者が命懸けで母を救ったように、何ら落ち度もない沿岸の漁村部の人々が私たちを等しく襲っても良かった近代の毒を、一身に引き受けたのです。私たちに必要なのは地域の人々が負い続けている苦しみを、自からの痛みとして感じる想像力ではないでしょうか。それがなくては水俣病事件は「過去に日本列島の、とある片田舎でおきたこと」として歳月とともに霞んでいくからです。

この半世紀、水俣病事件をなるべく小さくとらえようとする国や県等の行政側と、そうでないとする被害者側が、激しい対立史を刻んできました。このままでは山裾のように広がる事件の全容は摑めず、全ての被害者が救済される日も訪れません。埋立地の地底からの声に促されたように、水俣病事件と個々の関係を心に結び直す日になればと願っています。底知れない痛みを私たち一人ひとりが共有しつづけてこそ、真の解決につながると信じるからです。

夭折の兄弟を悼む野仏

胎児性水俣病の子を抱く母

精霊というのは「万物の根源を成すという、不条理な、不思議な気」とされる。万物の根源を成すという不思議な気。私たちは神社境内の清めの水で手を洗ってから神の気配を拝む。

その流儀から文化の基層にある「モーレス」（mores）に思いは及ぶ。自己の利益を失っても、水を汚してはならない。それは懲罰を伴う社会規範である。法律を始めとする社会の制度、モラルは「モーレス」に支えられている。「精霊」も「宝子」の概念も、水俣では抜き差しならぬモーレスにつながっているのだ。水俣には「もだえ神」もいる。共に苦しみを分かち合う、手助けしてくれる民衆の神である。

胎児性水俣病、母親の体内の水銀を吸い取って、自らが犠牲者になって生まれてきた心身に重度の障害を持った子どもを、ある患者は宝子という。石牟礼道子さんの作品『苦海浄土』は「苦界」と「浄土」という対立する仏教の概念を一つの言葉のように用いている。この「宝子」という概念も仏教徒でなければおそらく発想しえなかった実存ではないだろうか。『西日本新聞』社説の「魚の精霊」の声は「一切衆生悉有仏性」の仏教倫理につながる。それは生ある者への慈悲、仏の領域に至る深い思いであろう。

我々の心のどこかには、仏教によって培われた「モーレス」に発し、他者の痛みを共有する感性と能力が自ら備わっているように思われる。「精霊」「宝子」という概念。「痛みの共有」そして「魚の精霊」との交感。五〇年を経て社会問題水俣病が、なお我々に問いかけてくる重要な概念であろう。

妖怪、ガゴたちの不知火海――『苦海浄土　わが水俣病』作家・石牟礼道子さん

水俣出身で、自ら水俣病地域に生まれて育ち、『苦海浄土――わが水俣病』を一九六九年に出版した石牟礼道子さんは、本の扉に水俣病に苦しむ人々の姿を法華経の一節に托して記した。「繋がぬ沖の捨て小舟　生死の苦海　果てもなし」。夕闇迫る不知火海の岸辺、海鳴りの底から苦界を悼む読経が伝わってくるようだ。しかし、かつて水俣の海は喜びの浄土であった。

年に一度か二度、台風でもやって来ぬ限り、波立つこともない小さな入り江を囲んで、湯堂部落がある。

湯堂湾は、こそばゆいまぶたのようなさざ波の上に、小さな舟や鰯籠などを浮かべていた。子どもたちは真っ裸で、舟から舟へ飛び移ったり、海の中にどぼんと落ち込んでみたりして遊ぶのだった。

夏は、そんな子どもたちのあげる声が、蜜柑畑や夾竹桃や、ぐるぐるの瘤を持った大きな櫨の木や、石垣の間をのぼって、家々にきこえてくるのである。（「山中九平少年」、『苦海浄土』）

石牟礼道子さんに問うた。

——命の賑わいを取り戻せ、というのが水俣病患者たちの合言葉になっているように思えます。

石牟礼 水俣のいのちの賑わいの象徴、いのちの大王みたいな存在が妖怪ガゴではないでしょうか。今ではチッソのカーバイト残滓の埋め立て地にされてしまった弓なりの海岸線(「大廻《うまわ》りの塘《とも》」)の辺りにガゴたちが住んでいて、人間とふれ合う物語が伝わっています。ガゴとの出会いを物語る人は、自分は生きているということ、人間世界よりももっと濃密な生き物の世界に入り込んで、ガゴの仲間であるかのような気分で物語を創作するのです。私は子どものころ大廻りの塘で遊ぶのが大好きで、ススキの草むらに分け入ってキツネになりたくて「コン、コン」と鳴いたりしていました。よかおなごに化けたくて(笑)。

夕方遅くまで遊んでいるとガゴが出てくると大人たちにおどかされました。ガゴは後からかぶさってきてガジ、ガジ、ガジと嚙むのだそうです。そのガジがちっとも痛くない。甘嚙みなんですよ。水俣の到るところにガゴがいて、田平のタゼとか、モタンのモゼとか、ガゴには戸籍があるのです。

——「魚の精霊」とは?

石牟礼 余りにも苛酷だからでしょうね。水俣病問題が。膨大でつかめない。その時に仏様からの頼みの綱が、芥川(龍之介)が書いたあの一本の綱が目の前に降りてきて、それにとりすがる。精霊とは命綱、精神のいのち綱ではないでしょうか。

（熊本市の山本内科病院に併設された書斎で）

早稲田環境塾は早大19号館での講義に水俣から三人の講師を招いた。

鋼を噛んで裁判へ——水俣市茂道の漁師患者、杉本雄さん

杉本さんは一九三九年生まれ。義父母と妻栄子が次々に発病、死亡。漁村の非難、排除に遭って孤立。六九年水俣病裁判の原告家族となり、七三年勝訴。自身は一九八一年、水俣病に認定された。

杉本　ずっとよく考えてみれば、ぜんぜん病気の人を助けようとか、その病気の原因を知ろうとかちゅうことじゃなくて、次から次に、どうしたら自分が逃れるか、そこを基本に、水俣の水俣病ちゅうのは、動いてきたということですね。

だから私は、水俣病という名前をつけてもらって、本当によかったたち、と思うとる。水俣病は、水銀病じゃないです。水銀病じゃない。ほんと、水俣病。水俣の一番辛い時に、私が網の親方として会合に行きよったとき、直接は見てないんですけど、ポケットに札束が入っていたと思うんです。これを上から触ってんのー、ちゅうて触らせて。

裁判なんかよさんかい、言ったんですよね。そういうことされれば、情けなかですよ。男として。くそーと思って、それから絶対、これはもう裁判から降りんと、鋼を噛んでも裁判するぞーち、私の意志になったんですよね。（早稲田環境塾での講義）

海よ、ふるさとよ、よみがえれ——吉本哲郎さん

水俣市元農林水産課長、水俣市立水俣病資料館元館長の吉本さんは、水俣での経験に基づく「地域学」を提唱している。

海も山も、漁業も農業も、大変な被害を受けていた。杉本さん夫婦は漁師だったが魚が売れないので、無農薬のみかんを栽培していた。そのみかんも売れなかった。無農薬のみかんを販売する、独自のグループの会長だったので、自分のよりも人のを先に売らないといけない。自分のものは後からしか販売先を確保できない。

「どこか売り先はないか？」といわれたので、「どのくらいあるのか？」と聞いたら、四トンと言った。岩手の陸前高田のKさんという体重九〇キロの泣き虫へ繋ぎ、当時大丸デパートの食品部のKさんに繋いだ。

「環境創造みなまた推進事業」ということで、「海よ、ふるさとよ、甦れ」というキャッチコ

ピーで販売した。みかんはそうやって売れて行った。半年後、「いつか、誰か、私のことを分かってくれる人が現れるに違いないと思っていたが、まさか敵だと思っていた役場の中から現れるとは思わんかった……」と言って栄子さんは泣いた。

「有難う、みんな、生きとっとばだいじにせんばな」。二〇〇八年二月二十八日、真夜中の〇時二十四分栄子さんが亡くなった。

晩年、杉本さんはこう言った。「水俣病は私の守護神たい。病気のおかげで人にも魚にもよく出会う」。なんてことを言う人だろうと思い、驚いた。

「おーい、栄子どん、今何しょっぱい」。その後、杉本栄子さんをしのぶ会を作りましたが、私は常日頃、栄子さんにこう言っちょります。「のさり」というのは「贈り物」という意味の水俣弁で、栄子さんは何時もお父さんの言葉を言いました。

この病気もすべてを　のさりと思って生きていけ
人様はかえられないから　自分が変ってと
生きることの大切さを教えてくれた父

（早稲田環境塾での講義）

私ももう一人のチッソである——不知火海の漁師、緒方正人さん

チッソ批判の急先鋒だった緒方さんは、一九五三年熊本県芦北町女島《めしま》の網元の家に生まれた。一

九五九年父福松さんが急性劇症型水俣病で死亡。この頃から自身も発病。一九九四年患者有志で「本願の会」を結成。一九九六年、「水俣・東京展」に合わせて水俣から東京までを木造帆船「日月丸」で一三日かけて航海した。いまも不知火海で漁を続ける。早稲田環境塾の講師、家具職人・緒方正実さんの叔父である。

緒方　親爺に漁へ連れて行ってもらい、海の生命界の中で命との一体感、愛されているという実感をもちました。これより上の価値はない。深い愛情というのは深い信頼ですよね。私は六歳でそれを一挙に失った。

国家とは何か。私は「制度としての国家」と「生国」という対比をしています。制度としての国家は必要です。通貨もインフラも制度国家のものです。他方、生国というのは命の本籍地のことではないのか。二本の足で両方の「国」にバランスよく立つのが良い。

だが、私たちは制度国家に依存し過ぎて、重心のバランスが取れなくなってきている。「生国」を裏切って海も田んぼもゼニで売り飛ばして、魔界に誘われるように制度としての国家に重心が傾いてしまい、起き上がれなくなっている。私たちはそういう二重構造の中に生きているという認識が必要なのだが、世の中では制度国家・社会のことばかりが伝えられて教え込まれる。私もまたもう一人のチッソなんです。

国はいつも個人に対して、国を思えと教えてきました。軍国主義が例です。では、国はひとりを思うか。絶対思わないですよ。捨てるんですよ。その薄情さが身にしみているところが私にはあるんです。

（芦北町女島、緒方さん宅、書斎「遊庵」で）

『終わることの出来ない水俣病』を引き取って、苦界に沈む命（魂）の叫びをともに聞き、対話し、我が痛みとして引き受けてゆく事こそ祈りであり、人としての命脈を保つ事と心得ます」（緒方正人「魂石を仲立ちとして」）。

天皇ご夫妻の水俣

二〇一三年十月二十七日、天皇ご夫妻が水俣を訪れた。天皇は水俣病患者で語り部、家具職人の緒方正実さんの講話を聴いた後、次のように緒方さんへ語った。

「ほんとうにお気持ち、察するに余りあると思っています。やはり真実に生きるということができる社会を、みんなで作って行きたいものだと改めて思いました。本当にさまざまな思いをこめて、この年まで過ごしていらしたということに深く思いを致しています。今後の日本が、自分が正しくあることができる社会になっていく、そうなればと思っています。みながその方向に向かって進んでいけることを願っています」。

政治家、役人のただ一人も、患者が積み上げてきた水俣病訴訟を断じた裁判官たちの誰もが、決して発しなかった言葉である。多分彼らの幾人かは天皇と同じ感慨を胸中に抱いていたかもしれない。しかし全員が沈黙した。

象徴天皇の言葉は何を象徴しているのか。ガゴたちの海で緒方正人さんの言葉を顧みたい。「国はひとりを思うか。絶対思わないですよ。捨てるんですよ」。杉本雄さんの言葉は彼の生国水俣の人々に向けてさらに痛切である。

「水俣病は、水銀病じゃないです。水銀病じゃない、ほんと水俣病」。そして緒方正人さんは言った。「私はもう一人のチッソである」。

水俣病関係者がこぞって「沈黙」したのは、絶対神の報復を恐れたからであろう。絶対神とはなにか。国家、企業、日本人自身とその地域社会ではなかったか。

象徴とはこの場合、矛盾をはらむ抽象である。象徴天皇が発した言葉は、水俣では、しかし抽象的な記号にとどまっていない。水俣病患者を代表して患者たちの意思を世間に示したのである。

水俣での天皇は象徴にとどまることができなかった。代表たらざるをえなかった。自らが象徴するとされる社会が信奉する「絶対神」への反発である。

水俣病の啓示

脱亜入欧という言葉が示す通り、一五〇〇年前に受け入れはじめた西洋近代化は、それ以前の東洋文明日本文化の崩壊を意味するものでもある。中途半端な西洋近代化の中で、我々日本人は属する文明を持たない「文明難民」のごとくである。世代間、地域内で行われてきた継承が途絶え、既に若年層における命の価値と物の価値を等価に見るような現象も起きてきている。現代社会は、多くの問題を抱えて既に難破寸前のようにも見え、水俣病に啓示された環境問題は深刻さをましている（水俣病公式確認五十年事業実行委員会編『未来への提言――創生紀を迎えた水俣』）。

石牟礼道子が『苦海浄土』（「山中九平少年」）で描いた水俣湾の原風景は、「環境とは何か」を的確に物語っている。自然環境（生態系）、人間環境（地域社会）、文化環境（かけがえのない価値）が、同じ場所に、同時に併存していること、それが「環境」に他ならない。

チッソ水俣工場の有機水銀排水は、水俣湾の環境の三要素を潰滅させた。足尾銅山鉱毒事件と共に、環境破壊の激烈な原風景として歴史に刻印されることとなった。

〈コラム〉　花を奉るの辞

春風萌《きざ》すといえども　われら人類の劫塵いまや累《かさ》なりて　三界いわん方なく昏し
まなこを沈めてわずかに日々を忍ぶに　なにに誘なわるるにや　虚空遥かに一連の花　まさに
咲《ひら》かんとするを聴く
ひとひらの花弁　彼方に身じろぐを　まぼろしの如くに視れば　常世なる仄明かりを　花その
懐に抱けり
常世の仄明かりとは　この界にあけしことなき闇の謂《いい》にして　われら世々の悲願をあらわせり
かの一輪を拝受して今日《こんにち》の魂に奉らんとす
花や何　人それぞれの涙のしずくに洗われて咲き出づるなり
花やまた何　亡き人を偲ぶよすがを探さんとするに　声に出せぬ胸底の想いあり　そを取りて
花となし　み灯りにせんとや願う
灯らんとして消ゆる言の葉といえども　いずれ冥途の風の中にて　おのおのひとりゆくときの
花あかりなるを　この世を有縁という　あるいは無縁ともいう　その境界にありて　ただ夢の
如くなるも　花

かえりみれば　まならにある者たちの御形　かりそめの姿なれどおろそかならず
ゆえにわれら　この空しきを礼拝す　然して空しとは云わず
現世はいよいよ地獄とや云わん　虚無とや云わん　ただ滅亡の世迫るを待つのみか　ここに於いて　われらなお　地上に開く　一輪の花の力を念じて合掌す

「花を奉るの辞」は、石牟礼さんの人間像を描いた晩年のドラマ、レポートにしばしば引用された不思議な、強く印象に残る文章である。
その由来を石牟礼さんに聞いた。

――「熊本無量山真宗寺の御遠忌のために」と付記されています。なぜそのお寺さんへ。

石牟礼　『苦海浄土』を書いているころでした。ある日、熊本市にある浄土真宗のお寺の娘さんという方が、私を訪ねてきました。「お寺に話をしに来てほしい」ということでしたが、住職は警察につかまったりする青少年を引き取り、一緒に暮らしているとのこと。ご住職は親鸞の自称愚禿に習い「自分をハゲと呼べ」と言い、青年たちから「ハゲちゃん」と呼ばれて嬉しがっている人です。
私は十六歳で代用教員をしていました。本当は制服を着て女学校へ行きたかった。夕方になると八代高女の同じ年頃の娘たちが窓の下を通って行くのを見て、涙をポロポロ流していました。教え子のわんぱくたちが見咎めて「先生なして　泣くと」と言って背中をなでるのです。嬉しかった。そのことを思い出して、真宗寺の不良少年たちと仲良くなっていきました。優等生よりか、ちょっと悪いことをするような子どもたちが私は好きなのです。

――「花を奉るの辞」を書いている時に、石牟礼さんはご自身がご存知の誰か、つまり具体的な人間像を思い浮かべていたのでしょうか。

石牟礼　具体的な人間像ばかりが思い浮かびます。私はそういう人たちに囲まれて育ちました。ものを考えてきました。

インタビューの前半で、石牟礼さんは前出「海よ、ふるさとよ、よみがえれ」の項で、吉本哲郎さんが紹介した杉本栄子さんについて語った。杉本夫妻は前出の緒方正人さんらが結成した「本願の会」のメンバーだった。

石牟礼　栄子さんの船「海栄丸」が出漁するとき、村の子どもたちは気配で知っていて寄ってくるんです。学校に行かないで乗せてもらって漁の仕方を学べるし、魚も分けてもらえるからです。「お前また遊びに来んね。たまにゃ学校にも行かんば、学校の先生は給料の減っとぞ。ちっとは義理ちゅうもんば考えて学校にも行け。落第もせんごつ」。そう言われて栄子さんに育てられた人間がたくさんいるんです。

市場でとってくれない小さな魚とか、網にひっかかって千切れた魚をほしがって、ネコやキツネたちがつま先立って、頂戴するような雰囲気で船着き場に集まってくるんだそうです。栄子さんはソイ、ソイ、ソイ（ホラ、ホラ、ホラ）と言って魚を放すと、ネコもキツネもそれをくわえて帰っていく。

杉本栄子さんは、菩薩さまです。観音さまか菩薩さまか、私はずっとそう思っていました。

書斎の机の引き出しから石牟礼さんが取り出した「花を奉るの辞」の、巻紙に記された原稿には、朱色の文字が踊っていた。そして「かえりみれば」以下の文章は、次のように推敲されていた。

――なんとなれば　亡き人々の思いきたりては離れゆく　虚空の思惟像なればなり　しかるがゆえにわれら　この空しきを礼拝す　然して空しとは云わず　おん前にありてただ遠く念仏したまう人びとをこそ　まことの仏と念《おも》うゆえなればなり　宗祖ご上人のみ心の意を体せば現世はいよいよ地獄とや云わん　虚無とや云わん　ただ滅亡の世迫るを共に住むのみか　こゝに於いて　われらなお　地上にひらく一輪の花の力を念じて合掌す

津軽平野へ今にも歩きだしそうな岩木山（1625 メートル）

2 山——山岳に宿る神仏

日本の多くの山岳はその頂きに「神」か「仏」あるいは「神仏」を祭る。ここに紹介した鳥海山は日本の神々の属性である穢れを嫌う大物忌神を、北アルプス奥穂高岳は信州安曇野族の先祖神穂高見命を、津軽岩木山は阿弥陀仏如来をそれぞれの山頂に祭る。磐梯山も月山も山そのものが神とされる山岳信仰の神体山である。しかし「ご神体」が何であるかは客観的に説明出来ない。すぐれた山岳風景の地で、とりわけ少年少女時代を過ごした人々にとって、「山岳」は精神形成の原風景となる。

文芸評論家奥野健男が『文学における原風景』で論証し、長野県穂高町出身、『安曇野』の作家臼井吉見が「神、自然、人がまじわる」北アルプス安曇野の常念岳山麓で、小学生時代に体験した事実である。

山岳に神を視た山岳信仰は、神道、仏教、道教と習合し「修験道」へと展開する。習合とは別々の存在がその本質を変えずに並在し続けている姿である。従来の日本の神を奉る神道と外来の仏教が習合した神仏習合の形態は、春日大社と東大寺の関係にみられるように、現在の奈良、京都を初め全国到る所で「神社―神宮寺」の相互依存の鮮明な形で表現されている。

この篇に特集したすべての山岳に、山岳信仰―修験道の歴史が刻印されている。

例えば月山に連なる出羽三山の深奥に位置する湯殿山のご神体は、渓谷に鎮座し透明な温泉が噴き出す赤褐色の巨岩である。訪れた者は巨岩神の前でおはらいを受けて、裸足になり、岩肌を流下する温泉に足を浸して、神の岩に登る。万物に魂が宿ると考えた縄文文化に由来するアニミズムの表現である。「富士山―信仰の対象と芸術の源泉」（世界遺産であることの標題）が、国連機関の認めた人類普遍の価値とされていることを想起したい。「語るなかれ」「聞くなかれ」と口外を禁じた湯殿山のご神体は、目で見ることも言葉で表現することも不可能な、しかも己の足元に神を踏まえることが可能な神である。いわば極めて主観的な「気配」こそが、「ご神体」の本質であることを「語るなかれ」の不文律は自ら語っている。

近代化を国是とした明治政府は宗教の習合を嫌い、神と仏を分離しようと試みた。神仏分離令（明治初年、一八六八年）にもとづく廃仏毀釈キャンペーンが例の路線は、天皇の神格化に到り、国家の制度としては太平洋戦争で自壊した。しかし「神仏習合」の生活流儀は、神社で七五三のお祓いを受けた子どもたちが、お寺の読経に参加する社会の通過儀礼に鮮明に受け継がれている。

仏教と日本の神を仏教教理により結びつけた「本地垂迹」の由来など、神仏習合の成り立ちを、「山岳篇」で理解したい。

二〇二〇年現在、鳥海山、月山、磐梯山のいずれもが山岳信仰、修験道に集う人々で賑わっている。疑いもなく、それら神仏習合への関心は、現代にあってもなお日本文化の基層に息づいている。八百万の神への意識、無意識の反応は、「文化としての蛍の灯」で紹介した山形県高畠町で点から面へと進展した有機無農薬農法との関連にみられるような柔軟な社会性をもたらしている。ただし、一九七四年に発足した高畠町有機農業研究会を率いてきた星寛治さんは、「神仏の領域で事が済む話ではない。科学性こそが求められる」と研究会の理念を述べている。柔軟性の反面で、日本人の融通無碍の無原則な考え、絶対に譲れない「かけがえのない原則」を持たない行動が、数々の異常な事例を招いている。奥底には企業経営者、官僚、政治家の言動に顕著なこの融通無碍の無責任性、その場しのぎの機会主義、普遍的な価値に先んじて、状況の特殊性を言いつのる日本的特性が潜んでいるように思える。

自らの、または集団の、組織の都合と利益を理由に、矜持も規矩もヘナヘナと崩れ折れるのである。一九六一年以来、水俣病から二〇一八年の自動車排気ガス規制値改ざんの事件に到る、環境破壊の取材現場で筆者が知り得た事実である。それもまた日本人社会の主体性なき原風景である。

本書「あとがきにかえて」に塚本邦雄の歌を引用したゆえんだ。

神、自然、人がまじわる安曇野——常念岳

常念岳への想い

信越本線松本駅発のＪＲ大糸線で梓川を渡ってすぐ、「これより安曇野」と記された梓橋駅ホームの大きな木札が目を惹く。大町・白馬山麓に到る広大な扇状地安曇野の始まりだ。ほどなく左手から常念、燕、白馬へ到る北アルプスが、おおいかぶさらんばかりに車窓へ迫ってくる。

安曇野。扇状地のかなたには、美ヶ原《うつくし》高原がゆったり横たわっている。いたる所に渓流が走り、澄み切った川底に水草の緑がきらめく。

北アルプス常念岳《じょうねんだけ》（二八五七メートル）を神仏の聖域、生命の水の源と仰ぎ、山麓の穂高神社と松

本藩に抗した農民一揆の歴史を秘めた灌漑用水路「拾ヶ堰《じっかせぎ》」を原点に、自然と人と神仏が交わる心躍る大空間、それが長野県安曇野である。

安曇野にはわたしたちの心に語りかけ、勇気を与えてくれる原風景が息づいている。

「原風景とは人の心を育て、鍛え、挫折したときにそこへ戻って立ち直ることができる風土性豊かな自己形成の場である」(文芸評論家・奥野健男)。

「常念岳は私の体そのもの、神、仏に他なりません。常念岳のない風景など思いもよりません」。名門松本深志高校の先生だった郷土研究家中島博昭さんは断言し、次のように記す。

――その姿には「ようこそ」と優しく微笑んで出迎える心安さは微塵もない。むしろ人を寄せ付けず、遥か遠くから己にひれ伏させるような崇高美が、見た途端、一瞬息を呑ませる。ちょうどスーパースターのような存在感が常念岳にはある。近寄り難いが、何時も眺めていたい。いっそのことその懐にとびこんで、しっかり抱かれていたい。(中島博昭『常念山麓』)

常念校長先生

大河小説『安曇野』の作家臼井吉見は、少年時代に常念岳が自らの精神世界となった、とその記憶を語る。

――ぼくの出たのは、南安曇野の堀金小学校です。校長は佐藤といって、北信の湯田中近く

安曇野に豊かな稲田をもたらした「拾ヶ堰」用水路。正面の左側、三角形の山が常念岳

北アルプスからの伏流水を引き込んだ大王わさび農場

のご出身、ぼくの三年生から六年生まで校長先生でした。うるしで染めたような、まっ黒なあごひげが、胸のまん中あたりまでたれさがっている、いかめしい先生でした。この校長先生は、月曜日の朝礼の時間には、壇の上へ登られると、西空に高くそびえている常念岳を指さして「常念を見ろ!」とおっしゃいました。「常念を見ろ! 今日は良く晴れてごきげんがいい」。

「常念を見ろ! 今朝の雪は素晴らしい」「常念を見ろ! 見ろと言っても、今朝は見えなくて残念だ」……いつでも常念の話でした。くる週も、くる週も、春になり、夏になり、秋になり、冬になっても、常念岳の話だけでした。それも長い話はなさらない。「常念を見ろ!」まぁだいたいそれだけでした。

あとはただご機嫌がいいとか悪いとか、見えないとかよく見えるとかいうことでした。

そんな話を聞いているうちに、だれがはじめたのか、自分たちの手帳へ、常念小学校何年何組なんて書き込むようになったんです。あとになって気が付くと、この校長先生のお蔭で僕らは小学校の時から自分たちの心のなかに、精神の世界っていうものがどうやらできかけていたらしい。それはうっすらしたものだったにちがいないけれど。

（臼井吉見「自分をつくる」）

地域をつないだ生命の水

春は名のみの風の寒さや

谷の鶯　歌は思えど
　時にあらずと声もたてず
　時にあらずと声もたてず

大糸線穂高駅に近く、わさび田が連なる穂高川畔に「早春賦」の石碑が立っている。大正初年の早春、東京音楽学校（現・東京藝大）の教授吉丸一昌が、安曇野の清冽な風景に魅せられ、春を待ちわびる人々の息づかいを綴った。

日量七〇万トン。豊科、穂高、明科の「安曇野わさび田湧水群」は環境省の「名水百選」、国土交通省からは「水の郷」に選ばれている。

「拾ヶ堰」と「大王わさび農場」が例だが、安曇野では人々の営みが水に支えられ、水が地域の結束と英知を培ってきた。

一八二六年、水争いが絶えなかった安曇野に、村人延べ六万七一一二人が力を合わせ、全長一七・七キロの「拾ヶ堰」用水路が築かれた。貧しかった安曇野は一転して有数の米どころに。標高五七〇メートルの等高線沿いに、一キロメートルで三〇センチのわずかな高低差を克服しての工事だ。穂高から柏矢、豊科へ、北アルプスの山々を道連れに、水面に常念岳を映す用水路沿いを散策すれば、工夫を重ねて自然の恵みを引き出した先人の意志と知恵に力づけられる。

大王わさび農場もまた大正時代に、一〇年かけて不毛の低湿地に造成された、水と農民の苦闘の記念碑である。四季を通じ、わさびの葉の鮮烈な緑に彩られる広大な白い砂礫、わさび田に優雅な弧を描く湧水の流れは見あきない。

安曇野は祈りの里でもある。道端の野仏群から奥穂高岳（三一九〇メートル）の山頂に鎮座する穂高神社の「嶺宮」まで、到る所に神と仏がまつられている。

穂高神社の中央本殿は、安曇野を拓いた北九州の安曇族の祖先穂高見命《ほたかみのみこと》を祭る。九月の例祭では子供船と大人船二隻が境内を三周後、大人船が拝殿前で前方の男腹と後方の女腹とを激しくぶつけあい五穀豊穣を祈る。遥かなアルプス山麓に、なぜ北九州から海神族がやって来たのかナゾだ。

輩出した反骨の群像

四月、残雪の常念岳の山肌に托鉢僧の姿が現れる。読経の声も聞こえるという。有明山麓に棲み、征夷大将軍坂上田村麻呂と勇敢に戦い、敗れた「鬼」こと八面《はちめん》大王に仕えた常念坊が唱える念仏だと伝えられている。大王わさび農場の由来は「鬼」の胴体を埋めたと記された碑が、わさび田から発掘され、その場に八面大王神社を建立して祭ったことに由来する。

都の征夷大将軍坂上田村麻呂は中央政府、有明の鬼こと八面大王は地域自治のシンボルだ。安曇野人の盛んな反骨精神はこうして再生されていく。

八百年余の水田稲作史を刻む安曇野穂高町は、近代彫刻の父荻原碌山、自由民権家の松沢求策、新商人道を拓き、東京新宿に中村屋美術・政治サロン（現在の中村屋）を営んだ相馬愛蔵・黒光夫妻、反戦の自由主義者、ジャーナリストで『暗黒日記』を書いた清沢洌《きよし》、彫金工芸界の第一人者山本安曇など、日本の近代化に貢献した人物を輩出した。

——欧米模倣や官僚主義、形式主義をもって権威づけた近代の主流に対し、彼らのいずれもが独創を重んじ、人間性の尊厳を強烈に打ち出しているのが際立った特色である。分野はそれぞれに違うが、俗悪を排し、清らかに厳しく、そして一途に信念を貫く人間像が共通項として浮かび上がってくる。

(『信州穂高』安曇野出版)

彼らを育てたのは「研成義塾」の主、井口喜源治である。

良き品性の人になれ

明治三十一(一八九八)年、穂高町東穂高に安曇野文化の揺籃になった研成義塾が開かれた。教師は前任の東穂組合高等小学校から転じた井口喜源治一人だった。一人で英語、数学、漢文や彼の信仰するキリスト教聖書などを教えた。「人はいかなるものになろうとも、何をしようともその前に良き品性の人になれ」「教育は『できる』『できない』というレベルにだけでなく、その子の良さ(天賦)をどう伸ばすかにある」(塾設立趣意書)。

研成義塾を訪れ講演した内村鑑三は、井口を「穂高のペスタロッチ」と讃え、次のように記した。

——南安曇郡東穂高の地に、研成義塾なる小さな私塾がある。若し之を慶応義塾とか早稲田専門学校とか云ふような私塾に較べてみたならば実に見る影もないものである。其建物と云へば二間に四間の板屋葺の教場一つと、八畳二間の部屋がある許りである。然し此小義塾の成立を聞いて余は有明山の巍々たる頂を望んだ時よりも嬉しかった。此小義塾を開いた意志は蝶ヶ岳の花崗岩よりも硬いものであった。亦之を維持するの精神は万水の水よりも清いものである。

（井口喜源治記念館刊『安曇野人間教育の源流』）

井口は黙々と農村青年の教育に励み、昭和七（一九三二）年まで明治、大正、昭和の三四年間に八百人近く教え子を世に送りだした。彫刻家荻原守衛（碌山）、外交評論家清沢洌、野の思想家斎藤茂らは研成義塾とその塾生たちから学んだ。出色は明治末期から大正初期にかけ、理想郷の建設を目標に塾生七二名が渡米し、シアトル市を中心に定住し、その信念を保ち、誠実に生き抜いたことである。移住二世のゴードン平林は、第二次大戦時、日系人の強制収容所への入所を拒否し、収監された。しかし、穂高町出身の同志に支えられて連邦最高裁判所まで争い、完全無罪判決を得た。レーガン米大統領による謝罪と米政府による補償金各人二百万円の支払いを勝ち取った。

井口の授業は教室を出て、万水《よろずい》川のほとりの草原で、常念の山々を見ながら行われた。明治三十九年荻原碌山が米国から師の井口に宛てた書簡に、風景の中の人間の暮らしと歴史をうかがい知ることができる。

――ああ、万水!!　凡ての己が幼き記憶は此の裡に包まれつ。己れ汝の当たりに草刈りつ、汝の清姿に面を洗いつ、汝の辺りに蛍を追いつ、汝の辺りに蛙を聞きつ、汝の辺りに月を楽しみつ。汝の辺りに己が友と夜をこめて談り明けつ、己には汝のかく曲がりてかく流れ行くや、此角に青柳覆ひ、彼の淵にブトさまよう様の、今明々と、否、実は己れは汝の辺に立ちて東山（井口喜源治）の書窓に向ふて歩みつつあるかの如く感ずる也。　（原文のママ）

中島博昭は安曇野人に共通する性格の背景を指摘する。「幼い頃、常念岳を見て育った場合、本人が自覚しなくとも、水と山の魂が心の奥底に刻まれ、常念山麓を離れて暮らしても、その魂に生きるという人々がいる」（『常念山麓』）。

〈コラム〉天蚕糸への思い

「推定価格五二五万円」。安曇野市天蚕センターに、「やまこ」または「やままい」と呼ばれる、日本原産の野蚕の絹糸で織られた和服が展示されている。ほのかな萌黄色と微妙に変化する光沢が相まって息を呑むほど優雅である。

「やまこ」は栽培された桑ではなく、野山でクヌギやナラの葉を食べて育つ。やまこは極度に敏感で、野鳥の鳴き声に反応して繭の糸がそこだけ細くなる。長円形の平均的な繭の大きさは長さ四・八センチ、幅二・五センチ、重さは家蚕の三倍、六グラム。木の葉の色をふくんで、自然感あふれる萌黄色になる。

足踏み式の座繰り繰糸機を用いた糸づくりと手織り機による機織りを経て、繭は生地に仕上る。

〝五二五万円〟の織手は望月陝子さん。四〇センチ×二〇センチの生地を一日がかりで織る。年三、四反の生産にとどまるとはいえ、「天蚕織は安曇野二百年の文化です。絶やすわけにいきません」。ショール、マフラー、ペンケースなどに織られている。

糸の作り手は大淵智恵子さん。こちらはもう神業といいたい。お湯に繭を五個浮かせ、クモの巣より細い糸を同時に引き出し、親指と人さし指の触感を頼りに、瞬時に繰糸機にかけ生糸にまとめていく。

皇后は毎年五月、皇居の野蚕室で天蚕の卵二五粒を付けた短冊形の和紙一五枚をクヌギの木に付ける「山つけ」を行う。皇后の伝統行事である。

天に掛かる岩の梯子——磐梯山

磐梯山（一八一六メートル）は山そのものがご神体として祀られ、北に吾妻山、南に安達太良山《あだたらやま》へと連なる山岳信仰の本拠である。磐梯山の頂には明神様が、山麓にはお寺が、つまり神と仏がおよそ一二〇〇年もの間、隣り合って鎮座してきた。磐梯山は山岳信仰と神仏習合の物語に培われた日本文化の心のふるさと、古層なのだ。

磐梯山の「梯」は「はしご」、古い名は「いわはしやま」、天に掛かる岩の梯子を意味する。磐梯山を仰ぐ福島県会津若松市、磐梯町、北塩原村には体を脱け出した人の魂が磐梯山に向かい、頂に掛かる岩梯子を伝い天に登る、と伝えられている。

「磐梯山北面（裏磐梯側）の荒ぶる自然、南面（猪苗代湖側）の趣深い宗教文化と、対照的な景観を是非ご覧ください」（裏磐梯エコツーリズム協会・伊藤延廣さん）。

裏磐梯側から見ると、磐梯山は急峻な稜線を荒々しく連ねている。しかし山麓に眼を転じれば、深々と静まる樹海の奥に、紺から緑まで美しい水をたたえた三百余りの湖沼が秘められている。明治二十一年四七七人が岩なだれで犠牲となった大噴火から一二六年の間に、コナラ、アカマツ、ハンノキなどさまざまな樹種からなるみずみずしい美林がよみがえったのはなぜか。

「溶岩を噴出しない水蒸気爆発だったため、崩落した岩くず、土砂に大量の植物の種子がたくまし く残り、芽ぶいたこと、それに会津若松の実業家、遠藤現夢《げんむ》の功績が大です。一九一〇年（明治四十三年）、現夢は荒地を緑化して大森林公園づくりに取りかかったのです」（磐梯山ジオパーク協議会・蓮岡真さん）。

現夢は国の払下げ地一九九〇ヘクタールに、巨費を投じてアカマツ五万本、スギ三万本、ウルシ二万本の苗木を植え付けた。今、天を衝くアカマツの森をたどると五色沼のひとつ青沼畔の巨岩に、志なかばで病に倒れた現夢を悼む言葉が刻まれている。

「其ノ功ヲ語ルモノハ　其ノ手ニ植エシ松ノ緑ノミカ」。

山の神と仏の同居

大同元年（八〇八年）、磐梯山が大噴火し猪苗代湖が生まれた。朝廷の命により、磐梯山を鎮めるため空海が清水寺（現・慧日寺）を建立したと伝えられる。その翌年、奈良東大寺の学僧で、法相

山岳信仰と神仏習合の歴史を培った磐梯山

磐梯山の神々を祭る磐梯神社

宗教学の第一人者だった徳一（推定七六七〜八四二年）が、会津から転居してきたという。

徳一は既に筑波山麓に修行道場「中禅寺」を建立し、神仏習合の教えを民衆にひろめていた。徳一は『真言宗未決文《みけつもん》』を著し、空海の教学を批判し、最澄とも「三一権実論争」と呼ばれる仏教論争を展開していた。

空海から「徳一菩薩」と称された高名な学僧が、なぜ辺境にやって来たのだろうか。

「東国に残る仏教未開の霊山に魅かれた。磐梯山爆発の犠牲者の供養だった。あるいは空海、最澄に先行する奈良仏教法相宗の教えを普及するためだったとか、諸説があります」（磐梯町文化課・白岩賢一郎主幹）。

徳一は磐梯山山麓に慧日寺をつくり、既に祀られていた磐梯神社の別当寺（神仏習合により、神社を守護するためにつくられた神宮寺）とした。

磐梯明神を奥宮（本宮）、慧日寺を里宮と位置づけ、山の神と外来の仏を同居、交流させる神仏同体、仏神不二の神仏習合を完成させた。

磐梯神社の別当寺を山腹の境内に建立し、神と仏が助け合い、協力し合ってことに当たるとされる神仏習合である。今もこの様式は日本中の寺社に残されている。かっては慧日寺の僧侶が磐梯神社の宮司をつとめたことがあった。

稲作伝来この方、稲魂を主神に水や樹木、岩などを神とあがめた日本の神道は、仏教が神道を配慮して「山川草木悉有仏性」の教義を表したことで仏教と重なり、習合する。慧日寺はその原型である。磐梯山麓にいまある寺社の風景に、日本文化の原風景が明快に刻まれている。慧日寺は大伽藍を形成していたが、たび重なる兵火に焼かれ、再建を重ねた。国の史跡指定を受け、現在整備事業が進んでいる。金堂は平成二十年四月に復元された。

慧日寺の資料館は神仏習合と修験道など、山岳信仰の多彩な遺物を集め、日本人の宗教心の移り変わりを鮮やかに描いてみせる。なぜ私たちは神棚と仏壇を祀り、七五三と仏事を連ねるのか。訪ねる人は至る所に自分の生活作法の原点を見つけ、気付くことであろう。

木地師と会津漆器

漆器はいまも会津の代表的な産物である。椀の原料荒型《あらがた》は、かって木地師《きじし》によって作られた。昭和六年に木地師となった大竹繁さんを曽原湖畔に訪ねた。「わしら早稲沢（北塩原村）の四〇世帯は、みな地付きの木地師でした。ブナとトチ材を男が沢水を動力にロクロをひいて椀型に型どりし、女がチョウナでくりぬいて一二〇個のアラガタ椀を一組にして、会津若松の加工場に運んだものです」。

瀬戸物（陶器）に押され、材料の原木が尽きると稲作を、さらに田畑で高原野菜の栽培をこころみ、今では観光客相手のキャンプ場を。秋の陽にきらめく湖面に目を細め、大竹さんは森を相手の山暮らしの日々を懐かしむ。

〈コラム〉 魂で酒を飲む

会津と言えば酒である。

〽小原庄助さん　なんで身上つぶした
　朝寝、朝酒、朝湯が大好きで　それで身上
　つぶした

「大方の男性憧れの歌です」。

酒豪でなる榮川酒造の常務、会津っぽの東条武夫さんは断言する。「あえて言わせてもらえば、会津人は魂で酒を飲むの風情があります。時には戊辰戦争などを想って」。

山好きの会津文化人、榮川酒造の宮森久治会長は、JR会津若松駅前にあった酒蔵を、山行の日々にひそかに味わっていた甘泉の地・磐梯町中曽根に移した。二六年前のことだ。ほどなくその湧水は環境庁（当時）から「名水百選」に選ばれる。

四万五〇〇〇坪の広大な敷地は仏都・会津の中心、慧日寺の境内に隣り合い、一隅をけもの道が走る。

全国の作況指数が七四の大凶作に見舞われた一九九三年、山あいの棚田で米を作る榮川酒造の契約田は平年と変わらぬ一〇アール一〇俵（六〇〇キロ）の収量をあげた。「森からの出水が、土の灌漑水路をゆっくりとめぐり、太陽に暖められ田をうるおしたためでしょう」（宮森会長）。農政が莫大な費用をかけ、コンクリート三面張りの灌漑水路に〝改善〟しているさ中の光景であった。

九月には新米が穫れ始め、十一月には仕込み、そして新酒が。「酒米の品質次第で、秋上がり（良）、秋落ち（不良）となります」（東条さん）。緊張の季節の到来である。

月の山に祈る――月山

母の胎内へ

巨木、巨岩に宿る日本の神々と大陸渡来の仏が今も密度濃く共生している祈りの山、月山。「東日本大震災の後、月山を訪れる人が増えました。皆さん心の拠りどころを求めているように思えます」（出羽三山神社・吉住登志喜禰宜）。大自然への憧れ（アニミズム）と畏れ（マナイズム）の記憶がともに蘇り、聖域を訪れ、祈る人々が増えているのでは、と吉住禰宜は共感を深める。

出羽三山の神は、山の神信仰の古層に仏教、修験道が習合したものである。羽黒山で現世、月山で死後、湯殿山で未来のそれぞれの体験を経ることで人は生まれ変わる、とされる。開祖は崇峻天皇の御子・蜂子皇子《はちのこおうじ》。人間の苦悩を一身に背負ったとされる異形の容貌は忘れ難い。

なぜ、あなたは今、月山に詣でるのか。白装束に金剛杖の山伏たちは即座に答える。「母の胎内に入って、修行し、再びこの世に生まれ変わる擬死再生のためです」（羽黒三山神社祝部・早坂大進坊さん）。お椀型の巨大な山容に包まれ、神と仏が混在する山岳風景と対面する時、山伏たちに眠っていた本能と野性が蘇り、心の拠りどころを確信するに到るという。

——山岳は人間の現世とは異なる空間であり、生まれる以前の胎内であると同時に、死後の世界ともなる。そして生と死の相互は浸透して、人間の生から死へという、一方的で終わりのある時間・終わりなき時間・循環する時の流れへ、とつくり変えていくのが修験道の時間認識なのである。（鈴木正崇著『山と神と人』淡交社）

出羽三山神社の門前町手向《とうげ》で宿坊を経営する早坂さんは、山伏体験（修験道）を語る。最近では個人で体験修行に訪れる人の六割が女性だ。

五月半ば、豪雪の出羽三山はようやくすべての道を冬から解放する。羽黒山（四一四メートル）、月山（一九八四メートル）、湯殿山（薬師岳一五〇四メートル）からなる出羽三山は、渓流とどろく山麓から隆々と岩の稜線を連ねる残雪の山腹まで、ブナの鮮烈な新緑とほとばしる水に沸き立つ。

すべての吹きの　寄するところ

鶴岡市、山形市などを起点に整備された道をたどり、出羽三山の聖域を回れば、日本のカミの素

合図の法螺貝を吹く山伏、早坂一広さん

過去・現在・未来をつなぐ三神合祭殿

顔と間近に接し、私たち自身の心情、暮らしの流儀に繋がる原風景と再会することが出来る。

月山には極楽世界を司る阿弥陀如来が宿り、過去の世界の表現とされている。羽黒山は現世の象徴である。国宝羽黒山五重の塔、月山、羽黒山、湯殿山の三神を祀る三神合祭殿などは見慣れた風景だ。推古十三年（六〇五年）空海により開山されたとされる湯殿山は、未来の世界を物語る。

湯殿山の谷底に鎮座している山岳信仰の神は、温泉が噴き出し、全面に流れ続ける茶褐色の巨岩である。神と仏以前の自然信仰の現場、修験者たちの聖域である。


真言宗大日坊瀧水寺の真如海上人、作家森敦の『月山』（昭和四十九年芥川賞受賞）の現場、真言宗・注連寺の鉄門海上人など、湯殿山周辺の寺には六体の即身仏（ミイラ仏）が安置されている。木喰を経て命を絶ち、浄土に到ろうとした僧侶たちの行動の激しさに、たじろがざるを得ない。

火炎が上がり、祈禱の経が朗々と響きわたる大日坊瀧水寺で遠藤宥覚貫主は語る。「拝む対象は一つ。天照大神は大日如来であり、八幡さまは阿弥陀様です」。明治元年の神仏分離令から一五〇年。神と仏が習合した信仰の場が、なおこの土地に脈々と息づいている。日本最大の財閥の中心人物が、生前この社に通ったという。

「すべての吹きの　寄するところ　これ月山なり」。月山と対する注連寺でひと冬を過ごした作家森敦は、うめくように記した。

「吹き」は日本海からのシベリア烈風の景であろうが、山岳信仰に発し、神道、仏教、道教を交えた修験道が混沌と重なり合う日本文化の基層の暗喩とも思える。
「月山は月山と呼ばれるゆえんを知ろうとする者にはその本然《ほんねん》の姿を見せず、本然の姿を見ようとする者には月山と呼ばれるゆえんを語ろうとしないのです」。
森敦は友人と共に注連寺から十王峠を越え、月山籠りと決別しようとする前夜の思いを記した。
——私にはもう十王峠から俯瞰する庄内平野が、ひょうびょうとして開けて来るのです。いちめんの緑とはいえ鳥海山はまだ白く、あの秀麗な富士に似た姿をその果てにそばだてているであろう。そこには最上川や赤川がこの月山の雪から生まれ出たとも知らぬげに、流れるともなく流れているであろう。（中略）
十王峠は幽明の境のように言われ、じじつそんなところと聞かされていたせいか、そこを越え戻ろうとするまさにこの世であるべきそうした眺めが、かえってこの世ならぬもののように浮かんでくるのですが。
『月山』）
昔人は峠に不思議な呪力がこもると感じ、峠を畏敬して道祖神を祀った。今も十王峠には赤い布をまとった道祖神が鎮座している。

峠は決定をしいる

湯殿山信仰が盛んだった室町時代から約五百年、今、再び海辺の鶴岡市から内陸の山形市へ到る信仰の道「六十里越《ろくじゅうりこえ》」、「出羽の古道歩き」に人気が高まっている。注連寺、十王峠（鶴岡市）などを訪れるルートを時間と脚力に合わせて選べる。

国道一一二号線と山形自動車道からも車で六十里越街道と直接交わり、名所を訪れることが出来る。この世とあの世を分けるとされる十王峠で、突然ま正面から向かい合う残雪の月山は、たとえ私たちが神仏への記憶を忘却していたとしても、神々しさに心揺さぶられることであろう。

山形市出身の詩人、真壁仁の詩「峠」の一節を思わずにおれない。

峠は決定をしいるところだ。
峠には訣別のためのあかるい憂愁がながれている。
峠道をのぼりつめたものは
のしかかってくる天碧に身をさらし
やがてそれを背にする。
風景はそこで綴じあっているが
ひとつをうしなうことなしに
別個の風景にはいってゆけない。
大きな喪失にたえてのみ
あたらしい世界がひらける。

（『真壁仁研究』第4号。東北芸術工科大学東北文化研究センター刊）

「大きな喪失にたえてのみ／あたらしい世界がひらける」。峠からの風景は、立ち往生している私たちに、大きな選択と決断を強いているのかもしれない。十王峠を擁する鶴岡市と西川町は、「峠」の詩碑を建てる計画である。

神・自然・人をつなぐ山伏

――山伏は霊山に籠り、山々を駆け、谷を渡り、艱難苦行を体験し、勤行を重ねることで、山岳が持つ自然の霊力を身につけるとされている。また現代における山伏は「半聖半俗」であり、神と人、自然と人、人と人をつなぐ役割をはたしているといえる。

（月山・新八方十口プロジェクト「月山聖地巡礼ノ旅」から）

羽黒町観光協会の山伏修行体験塾への志願者は絶えることがない。手向《とうげ》の宿坊（旅館）街には、寺と見まごう豪壮な構えの宿坊が並ぶ。坊と坊との間には立派な鳥居が立ち並び、独立の神社の様式を表現している。神仏習合の日本文化の基層が一見して理解される。習合とは異なる教理を折衷、調和することである。

〈コラム〉アルゴディア研究会

出羽三山への郷土愛盛んな人たちが「アルゴディア研究会」に集い、湯殿山への古道「六十里越《ろくじゅうりこえ》街道」の復活に努めている。会の名称は、この地域の言葉「あるごでっあ（歩こうよ）」と、明治十一年、山形米沢盆地に理想郷（アルカディア）を見た英国人女性旅行家イザベラ・バードの記述による。

鶴岡市に住む元銀行員茂木征一さんは、月山のたたずまいと人々との営みをこよなく愛し、アルゴディア研究会の副会長を務めている。日々六十里越古道のどこかで、花の木の苗や草刈りの鎌を携えた茂木さんに会うことが出来る。有数のコメどころ、豊かに実る庄内平野を指して茂木さんは「水とイネ」の神々への感謝こそ月山のあらゆる神々の始祖だと言う。「稲と水の神の原点はブナの森です。木洩れ日の林床を縦横に走る水流こそ庄内平野の富の元です」。映画『おくりびと』の撮影現場、注連寺も六十里越街道に連なる。「阿弥陀如来が宿り、空海が訪れたこの場所でこそ撮られるべくして撮られた映画です」。茂木さんは強調する。「未だ生を知らず　焉ぞ（どうして）死を知らん」。小説『月山』の巻頭言に、アルゴディアの同人たちはひとしく思いを深めている。

アルゴディアの有志は九月十六日、注連寺に集い中秋の月を眺めてきた。茂木さんの名刺は全面、十王峠からの雪の月山の写真だ。その中空に満月が架かっている。天地有情の風景というべきか。

水巡る物忌の山——鳥海山

大循環する水の恵み

秋田、山形の日本海側県境にどっしり腰を下ろした鳥海山（二二三六メートル）は、山そのものが神と崇められる「神体山」だ。シベリア風がもたらす豪雪と日本海からの雨で年間降水量は一万ミリを超える。

火山性地層の山腹の到る所からミネラル分豊かな伏流水が噴き出し、ブナの森に滝を架ける。山頂から一六キロを隔てた、秋田県にかほ市象潟《きさかた》の海底でも伏流水が盛んに湧き出し、真夏が食べごろの、美味この上ない巨大な岩ガキを産する。低い水温の湧水が岩ガキの成熟、産卵を遅らせ、旨味であるグリコーゲンの蓄積を促しているためとみられる。秋鮭、そして初冬にはハタハタの大群が、古里の水の香りに惹かれて岸辺に寄ってくる。「海のにおいも、色だって変わるのさ。漁師は体でハタハタの群来《くき》を感じとるんだよ」。象潟漁協職員佐藤仁さんはぶ厚い胸を叩いた。

日本海に冬雷とどろく季節はハタハタの漁期だ。五か所の定置網グループと沖合操業船五隻が息をひそめてハタハタの群来を待ち受けている。「魚」に「神」と書いて鰰（ハタハタ）と呼ぶ。普段は全く姿を見せない魚が、お正月前に突然押し寄せてくる。神様からの恵みの魚とされている。

伏流水をひきこんだ広大な山麓には稲が波打つ。秋深く、大循環する鳥海山の水は、山と平野と海を巡る天の恵みとなって躍動し、自然の営みと人々の暮らしとを結び、活気づけている。

——人々の生活の背景には、いつも鳥海山があり、信仰の山としての存在も大きく、その姿の美しさと共に心の支えとなっている。

（秋田県教育庁）

自然への畏れと慎み

鳥海山の頂に鎮座する主祭神は、『延喜式』（九二七年）にも記された、穢れを嫌う大物忌神《おおものいみのかみ》だ。鳥海山の噴火は二一回記録され、溶岩流が集落を襲った。文化元（一八〇四）年の象潟大地震は海沿いの土地を二メートル隆起させ、芭蕉が松島とくらべ讃えた象潟の八十八潟九十九島の美景は一面の泥海と化した。このような体験から「物忌」とは、人知では制御できない自然の営み——天変

ブナ林の至るところから噴き出す伏流水

蚶満寺《かんまんじ》に立つ芭蕉像

地異への畏《おそ》れと慎みの生活作法と解されている。
「自然の猛威もあるがままに受け止め、その場を去ることなく、暮らしをつむぎなおしていく。それがこの土地の生活流儀なのです」。芭蕉が景勝象潟の要、と絶賛した蚶満寺《かんまんじ》の熊谷右忍住職は、失われた風景の記憶をたどり、潮風に鳴る山門の松林に目を遊ばせる。

――松島は笑ふが如く、象潟はうらむがごとし。寂しさに悲しみをくはえて、地勢魂をなやますに似たり。

象潟や雨に西施がねぶの花

『奥の細道』

中国春秋時代の末期、戦いに敗れた越の王から勝者呉王に献じられた悲劇の美女、西施の心境を芭蕉は折からの雨の景、象潟の失われた風景に重ねて詠んだと伝えられる。今もにかほ市内はねむの花で彩られる。

温水路が稲作を支える

にかほ市象潟郷土資料館の齋藤一樹学芸員は語る。「温水路こそ物忌の文化に培われた英知、郷土の誇りです。水源の鳥海山を背景に、温水路の段差の水がきらめく景観は象潟の原風景です」。
雪解け水と湧水が混じる鳥海山からの白雪川水系の水温は、灌漑用水の取り入れ口で平均一〇・七℃と低く、稲作（適温は二八℃～三七℃）農民は冷害に悩まされた。

自然の力で自然を制した長岡温水路

昭和の初め、取り入れ口上流に発電所が建設され、さらに水温が低下したため、補償金一万七一〇〇円が下流域に支払われた。篤農家佐々木順治郎がこれを元手に昭和二年、標高一七〇メートルから二五〇メートルの草原台地に、農民たちの力で日本初の温水路「長岡温水路」（長さ六四八メートル、幅一〇メートルから二〇メートル）を完成させた。水温は八℃ほど上昇、一帯は有数の米どころに。

「経験から、水路の幅を広げ、水深を浅くして緩流せしめ、さらに多くの落差工を設け水をもむ（攪乱する）ようにすれば、水温は上昇すると考えた」（佐々木談。『上郷温水路群概要書』）。自然の負の圧力を自然の力を借りて緩め、手なずける大物忌神に由来する暮らしの作法である。

昭和三十五年にかけて水路は延べ五系統に広げられ八〇〇ヘクタールを灌漑、一〇アール当たり米の収量は三〇〇キロ台から五〇〇キロ以上に増えた。鳥海山を背景に、いく段にも滝のように連続する落差工の水流のきらめきは、人間と大自然の営みのあり方を私たちに語りかける。

鳥海山はブナの森を深々とまとい、ブナは並外れた保水力と有機質の供給力を合わせもつ。水田と海の豊かさの原点である。にかほ市民約七百人は「ブナの木を植える会」に加わり、この一九年間に標高七〇〇メートル地帯に五万本を植林した。一九六〇年代始めに皆伐されたブナの森を復活する試みだ。

作家森敦は鳥海山二二三六メートルの標高を「既にあたりの高きによって立つ大方の山々のそれとは異なり、日本海から直ちに起こって自らの高さで立つ、いわば比類のないそれであることを知らねばならぬ」(『鳥海山』、「初真桑」)と記している。神々がひそみ、人々に交わる孤高の山岳風景は心に深く響く。豊かなブナの森に培われた東北文化の基層、日本の原風景を表しているからであろう。

〈コラム〉 伝統芸能を培う神仏と人

鳥海山麓では神と仏と生身の人間が、隣り合って親しく暮らしている。かって鳥海山に拠る修験者たちが一山組織をなした、にかほ市小滝集落に伝わる「鳥海山小滝の番楽舞」（秋田県の指定無形民俗文化財）はその象徴である。

秋の夕暮れ、鳥海山小滝舞楽保存会の踊り手斉藤正樹さんが、役の行者の悪疫退散祈願に由来する金峯神社境内の舞台に立った。

「番楽とは山伏、修験者が舞っていた『神楽』のことで、神が宿る山から生まれた修験道は、ふもとの人々の心を豊かにさせる多彩な芸能をもたらした」（粕谷昭二『恵みの山　鳥海山』）。

純白の衣装をまとい、斉藤さんは「翁」「松迎え」など「天下国家の泰平と豊作」を祈り舞う。

「もともとの踊り手は若衆でしたが、今は私が若い方なので」。斉藤さんは汗をぬぐう。

「番楽の起源は鳥海山を祭祀する小滝修験者の芸能です。今も舞楽の保存を通してこの地域の人々は強く結ばれ、神と交わるのです」（吉川栄一・鳥海山小滝舞楽保存会会長）。

小滝集落―金峯山氏子総代会―舞楽保存会の縦関係のもとに、アマノハギ、チョウクライロ舞など五つのグループ、約五〇人が活動している。

「悪いことをしたら山からアマハゲがくるぞ。子どものころの怖い記憶があって、私たちは神仏と自然に交わる暮らしを身につけているのです」。しかし集落の人口が減り続け、若衆が姿を消す時は……吉川さんの憂いは深い。

狐火ともる麒麟山

峻険な山に灯る怪火

阿賀野川は日本列島きっての大水源、尾瀬ヶ原と猪苗代湖に発し、二一〇キロを流下して新潟市郊外で日本海へそそぐ。大正三年岩越線（現・JR磐越西線）が開通するまで、中流域の阿賀町津川は、およそ七〇キロ上流の福島県会津若松市と約七〇キロ下流の新潟市を結び、コメと塩を交換する船運の中継地、日本三大河港として賑わった。深い川底から断崖の際に湧昇流が連続して盛り上がる光景は、阿賀野川の並みはずれた水量、水勢を物語る。

津川の街中、阿賀野川と支流常浪《とこなみ》川の合流点に、麒麟山（一九五メートル）がその名の由来する切り立つ流紋岩の絶壁をめぐらせ、仙境の動物のようにうずくまる。

阿賀町狐の嫁入り行列像

津川城址　稲荷神社の狐から

半島状に突き出した山陵の西端部・城山に、曲輪や桟敷壇を築き、縦堀を掘り下げ、高石垣を積み上げた堅固な山城の遺構（県指定）が眠る。会津領の西境を警固するため、鎌倉時代（一二五二年）藤原盛弘により城が築かれた。

津川城の地勢はあまりに険しく、狐も登れないので「麒麟山狐戻城」の別名を持つ。

古くから麒麟山の中腹に狐火（鬼火）の怪火現象がみられ、その出現率は〝世界一〟と称されている。超常現象のナゾを明かそうと「世界怪火シンポジウム」（阿賀町主催）が研究者を招き一九九七年に開かれた。地元産の杉の巨木をふんだんに用いた豪壮な「狐の嫁入り屋敷」では、狐火や狐の嫁入りをテーマとした映像が上映され、狐のメイクや面作りを体験できる。

狐戻城の本丸に近く、城主の守護神だった稲荷神社が祭られ、野口雨情の「津川城山　白きつね子供が泣くから　化けてみな」の歌碑が。そして津川の多くの民家は屋敷稲荷を祀る。

狐の嫁入りに「もののあわれ」を思う

地域に元気を。知恵者のアイディアで、一九九〇年から毎年五月三日夕、「つがわ狐の嫁入り行列」が催され、町の人口の一〇倍近い五万余の人々が、復活した「SLばんえつ物語」号などで訪れる。

地元に若者が少なくなったため、その年に結婚する二人が公募で選ばれ花嫁・花婿役を務める。衣装とメイクで狐に扮した主役の花嫁が仲人、お供一〇七人を従えて夕闇せまる住吉神社でお里に別れを告げ、「イヤーソーライー」の木遣りにのせ、狐の仕草を交え、会津街道を厳かに歩む。かって土地の結婚式宴会は薄暮に花嫁宅で、夜間花婿宅で行われていた、その名残という。

途中の酒蔵前では保育園児が扮する子狐の祝い踊りが披露され、可愛らしさにパレードは一段と盛り上がる。行列は麒麟山のふもとの城山橋で、待ち受けていた花婿と合流し、時には県知事も加わり、水上ステージで結婚式と披露宴が行われる。その後二人は河畔を埋めた大観衆が見守るなか、渡し舟で川を渡り、麒麟山へ向かう。狐火に包まれ、狐に化身した夫婦は、津川城の闇に消える。

日本列島の里山には〝狐の嫁入り〟〝狐火〟の物語が伝わる。狐の嫁入りに人々は何を見ているのだろうか。「花嫁のはかな気な風情への、いとおしさの思いではないでしょうか」。阿賀町観光ガイド犬飼哲夫さんの言葉に、居合わせた阿部明夫文化協会会長、赤城正男阿賀路の会副会長は深くうなずいた。「もののあわれ」につながる日本人の遠い日々の美意識が、呼び醒まされるのかもしれない。

文化としての狐火

鈴木牧之は名著『北越雪譜』（天保七年）で「狐の火を為す説は様々あれどみな信《うけ》がたし」と片付けている。ただし本人は深夜に「狐雪揚場の上に在りて口より火をいだす。よく見れば呼息《つくいき》の燃ゆる也」（「狐火」）と自らの目撃談を記している。

宮沢賢治は童話『銀河鉄道の夜』で、空中列車の車窓の風景を「たくさんのりんどうの花が、草をかくれたり出たりするのは、やさしい狐火のように思われました。」と描写している。

麒麟山と狐火の結びつきはさまざまに説明されている。たとえば、江戸時代の土木工事の測量には、人を並ばせ提灯を持たせて高低差を測った。その灯並びに由来する言い伝えではないか。なかでは峠越えの嫁入り行列の提灯に、狐たちが灯をかざして加わったとの説に惹かれる。豪雪、険阻な山岳をおおう大森林、阿賀野川畔にしがみつくかのような民家。圧倒的に厳しい大自然界で、人も狐も命あるものは互いにいとおしさの感情を抱かざるをえないからだ。

「狐火とは自然と人の共感のあらわれです。美しい河と深い森にこそ現れるのです。わが郷土の誇るべき文化です」(赤城正男さん)。

〈コラム〉ツル細工の知恵

自称「売れない酒屋の女房」こと渡辺史子さんは、阿賀町きってのツル細工師である。材料はアケビとクルミの樹皮、それにヒロワ（草）。阿賀は植物の種類が多く、ツルを使った背負いカゴなど生活道具づくりの技が伝わる。カゴ類、容器、飾り物などから伝統民具の香りが漂う。物産館などで売られ、狐の嫁入り屋敷では細工も実演されている。

材料はすべて九月に採取する。アケビのツルは樹木に絡んでいるものではなく、根っこのような地下茎を一メートルほどの長さで採る。クルミは切り株から二メートル程に再生した若い枝木の皮を求める。「クマと出くわさないよう、気配りせんとな」。

止め糸となるヒロワは日蔭を好み、かって蓑本体に用いられた五〇センチほどの軽やかな、しかし丈夫な草である。材料を水にさらし、陽に干し、叩いたり、ほぐしたりの下ごしらえを経て作品に仕立てられる。

「ツルや樹皮の編み目を詰めず、隙間を広げているのは何故?」。

「山でキノコを採り、背負いかごに入れて運ぶ時に、キノコの胞子がカゴの隙間からこぼれて、翌年そこにキノコができるから」。伝統民具にこめられた暮らしの知恵の深さを思う。

「阿賀町の花」はユキツバキである。枝や幹がしなやかで、積雪にしっかり耐え抜く。アケビもクルミもヒロワもみんなその同類だ。

ツル細工師、渡辺史子さん

豪雪にも慌てず、騒がず。心折れることもなく、渡辺史子さんは古老から伝授されたツル細工を日々黙々と楽しんでいる。

「東京の原宿と表参道で、おらほのカゴが何万円かで売られていてたまげたな。一〇倍だもんな」。

民具を生み、育てた豊かな自然と人の営み。麒麟山の植物群落はツガワマタタビ、キリンツクバネウツギなど新種をまじえて六百種を超え、新潟県の天然記念物である。

巨木も多く、樹齢一四〇〇余年、幹周一九メートル、樹高三八メートル、平等寺境内の「将軍杉」は、国の天然記念物に指定されている。

リンゴ園を統べる岩木山

津軽人の魂のよりどころ

山麓をリンゴの紅の実で埋め、山腹にブナ原生林の黄葉をめぐらせた岩木山（一六二五メートル）は、晩秋の装いを整えていまにも津軽平野、弘前の街へ歩みださんばかりの親しげな風情を見せている。作家太宰治は弘前城からの風景に感動し「ここは津軽人の魂の拠りどころである」と記した。市内約六千戸の農家が三一二万本の樹を育て、日本一、一六万トンのリンゴを穫る。

岩木山山頂から駆け降りる紅葉前線を引き込んで、広大な山麓を赤、黄に彩るリンゴ樹海は、大自然と人の壮大、華麗な営みを描いて、観る者の心をゆさぶる。

近代化を急ぐ明治政府の殖産興業策に乗って、かっての津軽藩下級武士たちの手でリンゴの栽培が明治八（一八七五）年から試みられた。以来一四五年、リンゴの栽培、技術と品種改良を、地域ぐるみでとことん追い求めた努力はリンゴ文化創造の物語に他ならない。

九月の「つがる」に始まり、十月の「ジョナゴールド」「陸奥」「大紅栄」を経て、十一月上旬が盛りの「ふじ」に到る紅色系のリンゴ景観は、果てしなく広がる深紅のバラの園を思わせる。九月の「きおう」から「トキ」を経て、十一月の「王林」「金星」に到る黄色系も負けじと競い合う。

津軽を歌う「りんご追分」など美空ひばりのヒット曲中一、二を人気を誇る「津軽のふるさと」（作詞・作曲＝米山正、一九五三年）もまた日本人の愛唱歌となった。

りんごのふるさとは　北の果て
うらうらと山肌に　抱かれて夢を見た
あの頃の思い出　ああ　今いずこに
リンゴのふるさとは　北の果て

山越え阿弥陀、白神山地

弘前城の本丸（一六一一年）や、実業家藤田謙一の豪邸、藤田記念庭園（一九一七年）がなぜそこに作られたのか。それは「岩木山」を眺める最良の適地だからだ。「家のどこからか、岩木山が見える建て方」が弘前市民の常識とされてきたのだ。

およそ四百年の昔、日本海側の山麓深浦から、人夫を率いて弘前城づくりに加わった人夫頭の子孫、宮川慎一郎さん（弘前市観光振興部）もまた先祖譲りの「親方町」に住み、朝に夕に岩木山と親しく対している。

「鎌倉時代から岩木山を描いた絵には『山越え阿弥陀』といって、頂上に阿弥陀如来像が描かれました。極楽は西に、西方浄土の仏教思想のせいです。岩木山は弘前の西にあり、浄土信仰の対象なのです」。岩木山はまた冷害をもたらす偏西風を八甲田山と共に防ぎ、津軽平野に稲を豊かに実らせる。

東に連なる白神山地は世界自然遺産（一万六九七一ヘクタール）の冷温帯ブナの大原生林におおわれている。「ブナ山に水筒いらず」のたとえどおり、ブナは巨大な樹体と落ち葉が積み重なった森床に無限の水をたたえ、津軽平野を潤す。豊かに実るブナの実は生物の命を支え、故にブナは欧州でマザーツリー（母なる樹）と愛称されている。

青森県内だけでも北から南へ岩木川、赤石川、追良瀬《おいらせ》川、吾妻川、笹内川、津梅《つばい》川が白神山地に発し、日本海へ注いでいる。いずれも秋には鮭が帰ってくる清流である。

日本海に臨む漁港・深浦町のはずれ、サケマス増殖センターの河畔に、「鮭魂塔」と刻まれた自然石の碑が。「限りなき　父なるこの大地　恵み深き　母なるこの川　和してこの故里を　こよなく愛しつづけよう」と記されている。沢水が洗う山際と屋内に連なるプールにはサクラマス、ニジマス、ヤマメの稚魚が銀白色に群がる。

弘前市と日本海側の鰺ヶ沢町とを結ぶ白神ラインの中間点、津軽峠、天狗峠から望むブナの大原生林は、世界遺産にふさわしい、生命あふれる迫力で迫ってくる。

白神山地のブナ林を伐採するため青森、秋田両営林局が青森県西目屋と秋田県八森町の間に「青秋林道」を通そうとした一九八三年、追良瀬内水面漁協組合の組合長黒滝喜久雄さんは、地元から率先して反対運動に立ち上がった。

「私自身が林業者としてブナを切り、ヤマを荒らしてきた。木を見て森を見ざる反省を栽培漁業につなげたい。〝木に縁りて魚を求める〟時代ではないか」。

黒滝さんらの問いかけに応え、林野庁は一九九〇年、白神山地一万六六〇〇ヘクタールを森林生態保護地域に指定した。木材のみを生産する国有林から、数千年をかけ日本列島の森林が育んできた自然と生物との係わり(生態系)を保存する林政へ転換点となった。

津軽方言詩人たち

石坂洋次郎、佐藤春夫、葛西善蔵、太宰治、長部日出雄、福士幸次郎ら個性豊かな作家、詩人をこれほど密度濃く輩出した地域はめずらしい。

出色は津軽方言詩人たちだ。一戸謙三、高木恭造、植木曜介らの津軽弁の詩は、その言葉の意味もさることながら、行間に溢れる、懐かしく暖かい抑揚とリズム感が、津軽三味線の奏でるじょんから節を思わせて心を揺さぶる。

弘前《シロサギ》　一戸謙三

何処《ドエ》サ行ても
おら達《ダツ》ねだけァ
弘前《シロサギ》だけァえンたどこァ何処《ドゴ》ネある！
お岩木山《ユワキサマ》ね守《まも》らエ《え》で、
お城《しろ》の周《まわ》りさ展《フロダ》がる此のあづましいおらの街《マツ》…

どこに行っても
俺たちには
弘前のような場所はどこにあるというのだ！
お岩木山に守られて
お城の周囲に広がるこの快適な、心穏やかな俺の街……

春の夕暮れ、ひとり弘前城を訪れ、岩木山を眺望した弘前高等学校文科生太宰治は、その時の印象を後に作品『津軽』（一九四四年）に記した。

——重ねて言ふ。ここは津軽人の魂の拠りどころである。何かある筈である。日本全国どこを捜しても見つからぬ特異の見事な伝統がある筈である。私はそれを、たしかに予感してゐるのであるが、それが何であるか、形にあらはして、はつきりこれと読者に誇示できないのが、悔しくてたまらない。この、もどかしさ。

リンゴの樹海にあでやかにたたずむ岩木山の山麓風景が、太宰の「もどかしさ」の思いを、現代に解いてくれるかもしれない。それは大自然と人の営みが「共生する豊穣の大地」であるように思える。

一九五五年、弘前大学に農学部（現・農学生命科学部）が作られた時、学内から「りんご学部」に、という声が挙がった。学部長の神田健策教授が率いるリンゴ振興センターは「自然、人文、社会科学各分野の教員が加わり文化としてのリンゴの研究を進めています」。

新種のリンゴ「紅《くれない》の夢」は、果肉が赤く紅玉に似た味わいだ。津軽リンゴ文化の創造は脈々と続いている。

〈コラム〉 心を癒す森のイスキア

弘前市に住む佐藤初女さん（二〇一六年二月没、享年九十四）は、岩木山の山麓に「森のイスキア」を設け、この二〇年間、訪れる悩み深い人々を迎え入れ、蘇生させてきた。イスキアとは地中海の島の名である。若くして心朽ちたイタリア・ナポリの富豪の息子が、島で勇気を取り戻し、社会に向かった。

佐藤さんはイスキアにたどり着いた人々に、地元で採れた食材を生かした料理を振る舞い、元気回復の手助けをすると共に、講演活動も活発に行ってきた。

佐藤さんを慕う人々のイスキア訪問が日々絶えない。微笑で迎える主は、しかし言葉少なに、季節の食材を整え、ひたすら食材の命と向かい合い、訪問者の食卓に供してきた。

深夜、ひそかに独りイスキアに辿りつく人々もいた。そこで初女さんのおにぎりをご馳走になり、生きる力を得た人は数えきれない。手製の梅干しをまん中に、海苔でしっかりくるみ、きれいな丸型に仕立てられる。

「言葉では通じない、言葉を超えた行動が魂に響きます。私は食べることが好きなので、どんな方とでもとにかく食べよう、ということでその人のために料理をして待っています」。

食べることはいのちのやりとりである、と佐藤さんは語っていた。「嬉しい気持ちで食べると食材も喜んでいる、という感じです。ニンジンや大根の皮が荒っぽくむかれるのを見ると、もしこれが自分だったら、とつらい気持ちになります」。

森のイスキアに供される食材の多くは全国から〝寄進〟されたものだ。

初秋のある日、私たちが昼食に食べたサンマは、北海道厚岸から贈られたものだった。佐藤さんの講演を聴いた人からのお礼のメッセージである。一〇皿に及んだ昼食の素材は、贈られた品々が多く使われているとのことだった。

佐藤さんは青森、弘前でキリスト教の教育を受けた。しかし、イスキアを訪れる人に聖書の言葉や仏典をそのまま語ることはなかった。

「森のイスキアは岩木山が真正面に見えるところに建てました。私たちはお山と一緒、山と結ばれていて、山はすべてを超えて、あらゆるものを包み込んでいる感じです。どなたでもここで祈って満足していくのです」。

サロンの片隅の聖壇には、来訪者が残したキリストやマリア像と共に、菩薩や地蔵の像もみられる。

東日本大震災の後、イスキアを訪れる人々に変化が見られる、と佐藤さんは指摘していた。「私の料理を食べることよりも、私のそばにいるだけでいい、と言われます。皆さん不安だからでしょうか」。

佐藤さんは、〝歩く岩木山〟などといわれていた。「私には岩木山のような大きな心構えはないけれど、出会う一人一人を大切にして、小さなことを積み重ねていく。それが大きな希望を満たす道につながるかもしれませんので」。

「歩く岩木山」、佐藤初女さん

佐藤初女さんの秋の膳

与謝野晶子を魅了した利根川の源流

3 川——原風景を貫流する川

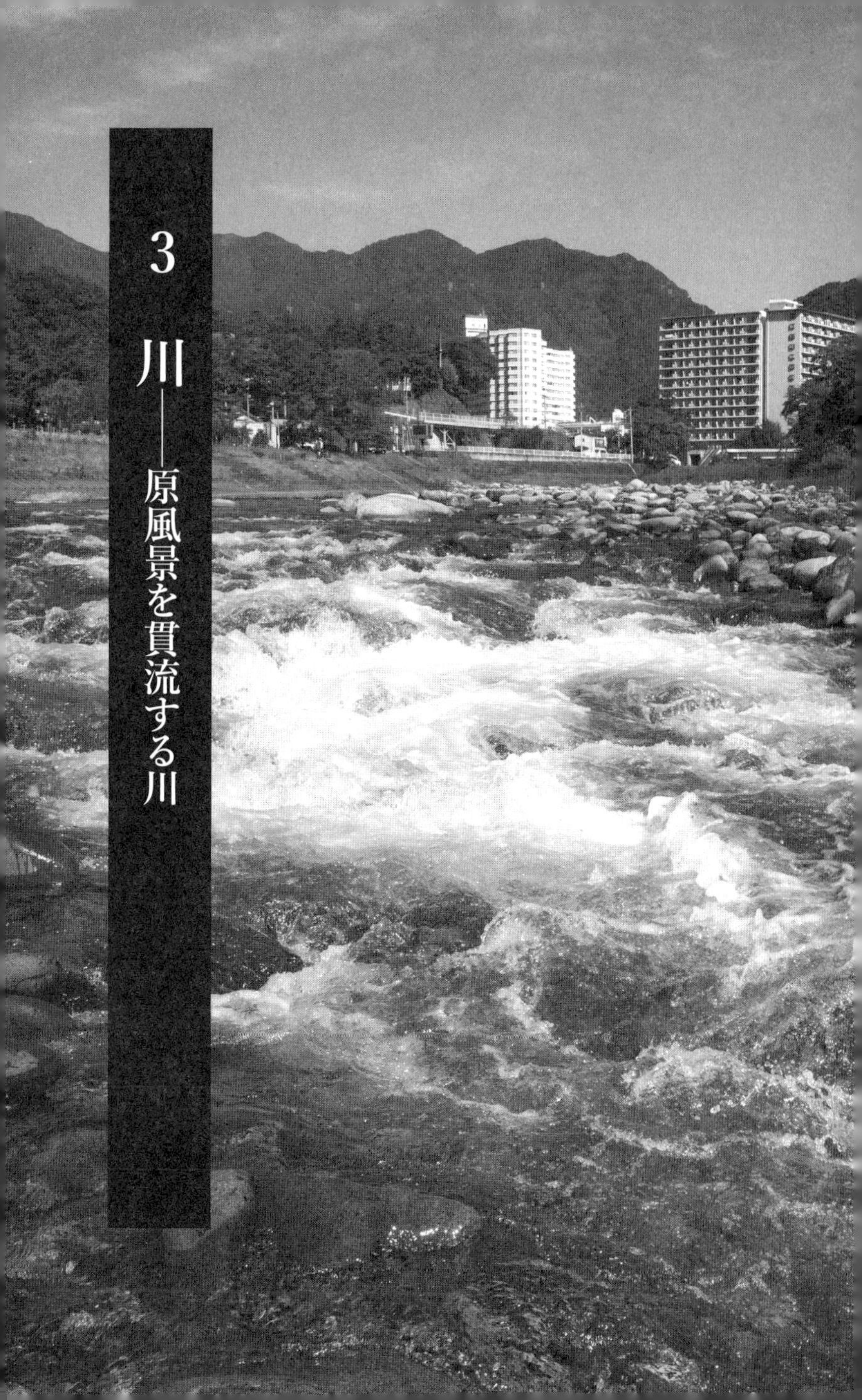

日本列島にはおよそ三万の川が流れている。列島は隅々まで、どこかの川の水域にあり、川のほとりで人びとは暮らし、独自の流域文化を培ってきた。

この篇では、利根川を水源地域の群馬県みなかみ町、三面川《みおもてがわ》を新潟県村上市の日本海河口、魚野《うおの》川《がわ》を中流域の新潟県十日町で、人々の営みと合わせて記した。

関東平野の農耕と都市は、坂東太郎こと利根川なしには成り立たない。三面川の鮭と人との関わりの歴史は、「村上鮭の子」の物語によって明快に示されている。

社会の持続可能性はすべて水の有無、その水質の優劣によって決定される。川は山岳、森林、海をつなぐ生命の源・栄養分の大循環路であるからだ。

三面川の河口にはタブの木の見事な魚付き保安林が繁茂し、鎮守社が祀られている。三面川に放流され、川水のにおいをたどって回帰した鮭は、その耳の中にある「耳石」によって、北太平洋にそそぐ数千の鮭川の中で、三面川生まれであることが正確に証明される。そこには川の個性が刻印されているのだ。

「最上川舟歌」といい「川の流れのように」といい、川に托された人々の思いは深く、哀しく、美しい。

清浄な水が田畑と街を支え、文化を培う。自然・人間・文化の環境三要素の基盤を担って、川は日本人の原風景を貫いて流れ続ける。

東京日本橋に架かる首都高速道は、「日本橋に青空を、日本橋川に光と原風景の復活を」求める地域の総意を受け、二〇年後に撤去される。その費用三二〇〇億円に目を見張らざるを得ない。「川と青空、光」の自然の恵みがもたらす生態系サービスの貨幣価値が、都心の商業地域で目に見える形で明らかにされようとしている。高速道路撤去後の賑わいと合わせて、環境経済の新たな実験の場になることが期待される。

川がもたらした風景は、地域の文化の表現である。人々にとりかけがえのない原風景である。

清流奔るヤナ場――魚野川

ヤマメ、一片の氷に

新潟県川口町の山あいを流れる魚野川。遠くは谷川岳（一九六三メートル）、近くは八海山（一七七五メートル）から放たれた沢水を満々とたたえ、魚野川の清流は信濃川めがけてまっすぐ流れ下る。合流点に到る九〇〇メートルほど川上に、急な流れを一部分さえぎって、その規模日本一の「川口町のヤナ場」が敷かれている。流れが水深一メートル、幅五〇メートルほどの急流に狭まるあたり、ソダ木で編まれた壁が逆ハの字型に両岸から突き出している。魚が急流に誘われるままに降下し続けると、突然流れは失せ、幅五メートル、長さ一〇メートルほどの板組みの格子の上に放り出される。

魚野川を漁《すなど》るヤナ場

ほの暗い仕込み蔵で「留櫂《とめがい》」の作業をする杜氏

初冬のヤナには日本海から信濃川を上る旅路を終え、力尽きた鮭に混じって銀色の肌に陽光を虹色に反射させ、二〇センチ程のヤマメが繁く跳ねる。掌中にすると、ヤマメは一片の氷である。次々にヤナ場に跳ねる魚は、冠雪の谷川岳、八海山から生まれた、躍動する命の華というにふさわしい。「四月のヤマメ、カジカ、七月のウグイ、鮎の稚魚、イワナ、モズクガニ、ウナギと続きクライマックスは落ち鮎です。九月末から十月中旬になると成熟して海に下るんです。その時ヤナに落ちてくる」（川口やな場・男山漁場の網和彦さん）。

冬の越後の営みを情感豊かに、そして科学的に活写した塩沢の人鈴木牧之は、名著『北越雪譜』（一八三七年）で鮭にまつわる博識ぶりを展開している。

「古志の長岡魚沼の川口あたりで漁したる一番の初鮭を漁師長岡へたてまつれば、例として鮭一頭に、米七俵の価を賜ふ。初鮭の貴きことは推して知るべし。これを賞する事、江戸の初鰹魚にをさをさおとらず。此国にて川口長岡辺りを流る々川にて捕りたるを上品とす、味ひ他に比すれば十倍也」。

ここにいう長岡とは長岡藩主牧野氏。長岡藩からは一番鮭に米三石。二番鮭には二石。以下五番鮭まで奨励の交付がある。この一番鮭を長岡藩は早打ちで将軍家に献上。又二番鮭は老中・若年寄りなどに分配された（宮栄二監修『校註　北越雪譜』）。

雪が鍛える越後の酒

日本一の豪雪地帯魚沼丘陵から流下する渓流は、魚沼一帯に米文化の華、酒をもたらす。稲も酒も「水」がいのちである。

蔵の窓外に信濃川の水面が迫る小千谷市東栄。高の井酒造の仕込み蔵の軒先では、大玉の西瓜ほどの〝杉玉〟が純白の紙垂をまとってぶら下がり、酒蔵には京都松尾大社から勧請された「醸造の神」が神棚に鎮座している。初冬、この地の人と自然とカミが酒仕込みの共同作業に余念がない。

　上《あ》げましょかいの　ソレ

　音頭取り様わいの　サァサ

　酒に造りて　エンヤラヤ

一五〇年を数える蔵元、高の井酒造に継がれてきた、新潟杜氏の「酒作りの歌」である。

雪国の越後では雪の神秘な力もまた酒造りに加わる。信濃川に面して急な傾斜をもつ蔵の屋根の軒下に、縦四メートル、横二メートル程のステンレスのタンクが横たわっている。屋根から自然に落下する雪がタンクを五メートルほど埋め、醸造し終えた酒を一月末に貯蔵する。雪で覆ったタンクに百日ほど寝かせると絶妙な味に仕上がる。

「新酒なのに、とてもまろやかな味になります。普通の熟成は進んでいないのに、古酒のような琥珀色になります。それでいて酸度もアミノ酸も、甘さ、辛さの数値も雪中貯蔵の前と変わりません。しかし味わいが全然違うのです。酒蔵では冷蔵設備をどんなに密閉貯蔵しても、一日に何回かはドアの開け閉めがあって、その都度空気の流れが微妙に変わり、影響するのかもしれません」（山崎亮太郎常務）。

言葉や数字では表わすことができない「何とも言えない雪がもたらす妙味」を評価できる、日本ならではの酒文化の伝統である。

酒の妙味と並ぶ織物の〝風合の文化〟と言えば、「雪ありて縮あり」といわれる小地谷縮がその代表格である。ユネスコ（国連教育科学文化機関）は二〇〇九年、上杉謙信の治世この方受け継がれてきた「小千谷縮・越後上布」を京都祇園祭の山鉾行事、アイヌの古式舞踊などとともに世界無形文化遺産に選んだ。原料から加工技術まで、小千谷市や南魚沼市の塩沢地区に伝わる古式技法を用いて作られた上質の麻織物を、雪上にさらして漂泊する雪国ならではの産業文化が世界的な評価をうけた。

小千谷縮の麻糸には、海藻布のりを用いた「のりつけ」が行われる。この布のりをソバのつなぎに用い、幅三〇センチ、長さ五〇センチほどの長方形のお盆、杉板製の「へぎ」に盛り付けたのが小千谷名産「へぎそば」である。ソバはうっすらと海草の緑色に染まる。

ゆでたそばを大き目のひと口ほどに丸めたものを、へぎに三〇個ほど盛り付け、三、四人でそれを囲んで食べる。

日本酒が新潟米文化の華であるならば、「へぎそば」もまた織物文化の食文化への独創的な応用というべきか。

ＪＲ飯山線が上越線に出会う越後川口駅の西方側で、信濃川は盆地のわずかな勾配を求めて鋭角に大蛇行を繰り返す。山本山高原（三三六メートル）は、その雄大、繊細な河川景観を一望におさめる。

「山あり河あり　暁と夕陽とが綴れ織る　この美しき野に　しばし遊ぶは　永遠にめぐる　地上に残る　雄大な歴史」

小地谷出身の詩人西脇順三郎の歌碑を傍らにして、去り難い思いにとらわれる。小千谷の風景には人と自然が織りなす、懐かしく心躍る営みがぎっしり詰まっている。

〈コラム〉神と共に飲むどぶろく——どぶろく特区

濁り酒——「にごり酒」「だくしゅ」ともいう。日本酒を醸造し、ろ過しないでもろみのままで飲む。酒税法では「その他の雑酒」とされ、神事用のおみきとして、特定の神社で年に一八〇リットル（一石）まで造ることがみとめられているほかは、昭和の初期から製造が禁じられてきた。

どぶろくには密造酒のひそやかなイメージと、酒を介してカミとの交歓を重ねてきた土俗の記憶とが秘められているようだ。

いろいろな規制を緩めて地域に活力を、と二〇〇二年に構造改革特区の事業が始まった。新潟県内では小千谷、魚沼、佐渡など九市町に税務署の〝監視〟つきで「どぶろく特区」が登場した。

稲作が日本列島に伝わった縄文時代の末期この方、私たちの先祖は全国津々浦々で〝八百万のカミ〟とどぶろく供宴の歴史を綴ってきた。確かにどぶろくには地域を元気にする力が秘められているのである。

信濃川沿いの河岸段丘から西の山地へ。長岡市との境に近い小千谷市時水の「越後のどぶ　毘沙門天」の蔵元に、どぶろく造り認定者、池田徳右エ門さんを訪ねた。蔵とはいえ３ＤＫほどのプレハブ平屋建てである。仕込み作業場にステンレス製の器具が連なる。「精米」「洗米・浸漬・蒸し」「冷却」「米麹・乳酸・酵母仕込み」「発酵」を経て、一四日間で濁り酒に仕上がる。

米は新潟県が誇る酒米「五百万石」、仕込み水はかっての山城時水城の近くに湧き出る姥清水《ばばしみず》。

どぶろく造りの「認定者」、池田徳右エ門さん

清水のそばは車の列、ペットボトルを抱えた人が順番待ちしている。

米と麹の総量に対し、甘口で一・五倍くらい、辛口でそれより多い量の水を加え発酵させ、仕上がった濁り酒は王冠に針の穴ほどの穴をあけた瓶に詰め、一〇度以下で保存する。びん詰めの濁り酒は発酵し続けるので、王冠の穴からガスを逃がさなくてはならない。

池田さんは語る。「同じ味の濁り酒を二度とつくることはできません。どぶろくは茶碗で飲み、酒の肴はいりません。それがどぶろくというものです」。その奔放な味わいに、我が内なる濁り酒の記憶が力強く蘇ってくる。

三面川の鮭文化

鮭と人が一体に

東北の屋根、飯豊・朝日連峰のブナ原生林から湧き出す三面川《みおもてがわ》は、わずか五〇キロの間に標高差約一五〇〇メートルをいっきに下り、新潟県村上市郊外で日本海へそそぐ。弁慶ゆかりの多岐神社が鎮める河口一帯に、北限に近いタブの木の見事な「魚つき保安林」をめぐらせる。早春放流されて間もない鮭の稚魚が、長旅に備え森蔭に密集してくる。

山・川・森・海が連なる壮大な自然の営みと、村上藩の昔に遡る人々の英知が、この地に類まれな「鮭文化」を生み、現代に脈々と引き継がれている。

三月から四月にかけて八〇軒の町屋が、四千体ものひな人形を飾り人々を迎える。

“切腹”を嫌い、鮭は腹部を止める

越後弁での会話も楽しめる町屋の「人形さま巡り」だ。

その一角、伝統の漆喰塗り土壁、黒一色の出格子、面格子に昔風の大きな木製看板を掲げた鮭加工業「喜っ川」が、大町通りで村上名物の塩引鮭つくりに熱中している。

「お早う。ありがとう！」。朝一番、店をあずかる吉川真嗣さんは、通り土間の高い天井からぎっしり吊り下げられた鮭に挨拶する。

寒気鋭い土間の正面に、鮭を塩漬けにした巨大な桶はんぼ（半盥）が。吉川さんは語る。

「はんぼはもともと神様への御供え物用の尊い器です。私たちにとって鮭は、長旅から村上へ戻って来ていただいた神のような存在です」。

十一月、塩引鮭の仕込みが始まる。一、二月の寒風で乾燥、三月から五、六月は湿度を吸って発酵させる。「つるした鮭の鼻さきからポタポタ体液が滴ります。鮭が泣くと言います」（吉川さん）。

七月梅雨の湿気、八月盛夏の高温、そして九月の秋雨と出合い、塩引鮭は年間を通し発酵、熟成を繰り返す。それぞれの季節が絶妙の味を提供してくれるのだ。

それが「村上鮭文化」と讃えられるのは、季節の節目に行われる伝統の生活行事を鮭が彩っているからだ。

大晦日、食卓の主役は塩引鮭である。カマの下一番目のひれ（一のひれ）は、一家の主に供される。孵化して四年間、一瞬の休みもなく鮭は一のヒレを動かし続ける。そこには不屈の生命力が宿ると考えられ、一家を支える主に供される習わしだ。

十一月の七五三には男の子の「袴儀」に塩引鮭が料理される。「たくましく育って、戻ってこい、との願いが込められています。鮭と人が一体になった村上の鮭文化です」（郷土史家、大場喜代司さん）。

酒に浸して柔らかくした塩引鮭、飯寿司、ひずなますなどは定番だが、バンビコ（心臓）の塩焼き、ドンガラ（中骨）の煮込み、ほほ肉を味噌であえたホッペタミソ、内臓ごった煮のカジニとなるとうなってしまう。

切腹を忌む塩引き鮭

三面川と鮭の歴史を支えたのは、村上藩の土木工事を取り仕切る郷村《さとむら》役の下級武士、青砥武平治（一七一三―一七八八年）である。江戸時代に陥った不漁の原因を探っていた青砥は、鮭が生まれた川に戻ってくることに気付き、自然産卵の数を増やす〝種川〟つくりに着手、三五年かけて完成した。中洲を利用して川の流れを分かち、一本を本流、もう一本を分流（種川）とし、本流では漁を続けて運上金を得つつ、種川では産卵、孵化に拠る回帰数を飛躍的に高め豊漁を取り戻し、藩の財政を安定させた。世界で初の鮭孵化増殖は石狩川（北海道）、庄内藩（山形）、アメリカ、ロシア、カナダに相次ぎ取り入れられた。

明治十五（一八八二）年、村上藩の旧士族たちは三面川の漁業権を国から継承し、「村上鮭産育養所」を設立した。「育養」の名称が示すとおり、収益は教育と慈善事業にも充てられた。大正六年には約四万六〇〇〇円の基金で財団法人を設立し、本格的に教育事業を進めた。村上ではこの育英制度で勉学した人たちを「鮭の子」と呼んでおり、多くの英才が輩出した。

三面川で獲れた鮭の塩引きは、尾に向けて腹をすべて切開せずに、一部を残し内臓を取り出す。城下町村上では〝切腹〟のイメージを嫌ったのである。初冬、民家の軒先には、半開きの腹をさらした鮭が盛大に吊るされる。室内干しはマイナス四度に保ち。人間は厚着をして鮭に付き合う。

村上鮭の子——稲葉修の生涯

——稲葉さんの郷里、三面川に鮭が帰ってくる季節になりましたね。

稲葉さん　それで一月九日に東京の帝国ホテルへ天下の名士三〇人を招いて、恒例の「三面川の鮭を食べる会」をやるんだよ。

もう四〇年にもなるかな。私は毎秋、三面川で獲れた鮭を味噌漬けにしたのと塩引きにして干したものと二つ、天皇・皇后両陛下、皇太子殿下を始め各皇族方に差し上げてきた。「日本一の三面川産鮭の味噌漬け樽ご愛嬌に献呈仕ります。新潟県村上市鮭鱒堂二代目主人、稲葉修」と書いてね。初代の主人は私の長兄、圭亮だった。

怖いものなし。〝稲葉節〟とよばれた率直な発言と高潔な人格で親しまれた稲葉修衆議院議員（法務大臣）に、私がインタビューした折の記録である（一九八九年十月）。

「我が旧藩内藤藩は歴代藩主が名君で、鮭を藩の産物とし、その利益を英才教育に使った歴史がある。私も〝村上鮭の子〟だった」と語り、目を輝かす稲葉さん。

有数の鮭川、三面川の畔に生まれ育った稲葉さんは、四歳のころから三人の兄に、釣りを教え込まれる。豊かな山林からにじみ出た水が奔流となって万物のいのちをはぐくむ原風景を、〝稲葉少年〟は自己形成の空間として今も魂の奥に固く守り続けているようだ。川の自然の素晴らしさ、湧き出る感動を他に伝えずにはおれない——。「わしは村上鮭の子だ」と目を輝かす稲葉さんから、そういう気迫が伝わってくる。稲葉さんは田中角栄内閣で文部大臣、三木内閣で法務大臣をつとめた。

稲葉さん それでロッキード事件の頃たまたま三木内閣の法務大臣をやらされておったものだから、思い切って政界浄化になればと思いああいうこと（昭和五十一年七月二十七日田中角栄前首相を逮捕）をやった。ところが闇将軍みたいなことになっちゃって、ますます政界浄化はダメだ。せめて水でもきれいにしようと思ってね（「日本の水をきれいにする会」の会長に）。正しいことでも長く、粘り強くやらなければいかんもんだな、というのが教訓でしたな。

——北海道知床半島の鮭番屋のヤン衆が、鮭は生まれた川の紅葉の香りをかぎに戻ってくるのだ、と言ってました。

稲葉さん そう、そう、全国の河川でも海岸でも、水のよしあし、自然の貧富はその付近に住んでいる人間の品格によるね。悪い所は川の自然もだんだん悪くなっていく。鮭でも密漁なんかする奴が沢山いる所はダメだな。

――愛知県が推進した長良川河口堰について。

稲葉さん　三面川が一例だが、いっぺん川の自然を壊したら復元するのは大変なんですよ。水を愛し、魚を愛せよ。フィロソフィ（哲学）のフィロは「愛」、ソフィは「知」なんだ。愛知県なんかもっとその辺を考えなきゃ（笑）。本当の意味の科学精神だが、まあ海部（総理）程度ではね。愛知県もな（笑）。

（一九八九年八月、稲葉さんは郷里の荒川でカジカ獲りの最中に脳内出血で倒れた）

川畔の三面川鮭産漁協事務所で、佐藤健吉組合長は「村上鮭の子」の秘話を明かした。稲葉さんの遺骨は、夫人の手で秘かに上流に散骨されたという。釣り歴七〇年、「日本の水をきれいにする会」の会長を長年つとめた稲葉さんの夢がたゆとう三面川の風景である。

初秋の三面川に戻った鮭は、タブの木の森が連なる右岸伝いにブナ林の上流に向かう。「鮭が三面川の川水の味を覚えているからでしょう」と佐藤組合長。かって林野庁が上流域のブナ林を伐採した時、反対する鮭漁師と市民たちが「鮭の森づくり」に集い、森からの実生の苗を集めて、朝日連峰山麓で植林を始めた。水と養分を供給するブナの木は森のいのちの源とされ、欧州では〝マザーツリー〟と呼ばれている。日本の古い諺「ブナの実一升、金一升」も森と鮭の物語に託され、現代に生き続けている。

矢を射つ若き利根川

菩薩の乳の一滴を想う

東京から約一五〇キロ、豪雪、強風の関東平野の北面を、もっとも手強い岩登り道場、谷川岳（一九七七メートル）が固める。その山麓は一八の源泉からなる水上《みなかみ》温泉郷だ。渓谷深く、菩薩の乳の慈悲の一滴が源と伝えられる利根川上流の地みなかみは、到るところで激流が岩を噛む水源の郷である。

岩《いわ》の群《むれ》
おごれど阻《はば》む
力なし

矢《や》を射《い》つつ行《ゆ》く
若き利根川

歌人与謝野晶子はしばしば水上温泉に滞在、二三〇首の歌を詠んだ。暴れ川、利根川水源の激しい流れが、晶子の不屈の情熱と通い合ったのだろう。その支流の一つ宝川の急流は「猫まくり」の異名をもつ。雨が降ると一気に水が増え、五分間ほどで一メートルも水かさが増す。

両側から断崖が迫る激流、深い森林が醸し出す香気、静寂。「イギリス、スペイン、イタリアからの観光客に人気です。サッカーのトルシエ監督も滞在しました。客の七〇パーセントは一七か国から外国人です」（秘湯「汪泉閣」の主、小野与志雄さん）。

水源を旅した若山牧水

みなかみの街中にとどまらず法師、猿ヶ京、湯宿、宝川など山と谷の奥に散在する秘湯では、先代の志を汲む館主たちが、文化性の豊かな旅の舞台を用意している。

赤谷川に沿う三国街道沿いの湯宿「ゆじゅく金田屋」の主岡田洋一さんは、大正十一年九月二十三日、酒好きの歌人若山牧水が泊まり、甘みそを塗った干し鮎を肴にとめどなく酒を飲んだと伝えられる部屋の家具、調度品すべてを芝居の舞台のように保っている。

毎年十月、全国から牧水ファンが金田屋に馳せ参じる。「牧水まつり」である。一同は酒宴に先

法師温泉長寿館の湯船。石の底から湯が湧き出す

ゆじゅく金田屋「牧水の間」の主、岡田洋一さん

立ち、部屋にかけてある掛け軸に大書された牧水の名歌を朗々と歌う。

白鳥はかなしからずや空の青海のあをにも染まずただよふ
幾山河越えさり行かば寂しさの終《は》てなむ国ぞ今日も旅ゆく

牧水が水上を訪れたのは、彼が愛してやまない「水源」を旅することであった。

私は河の水上というものに不思議な愛着を感ずる癖を持っている。一つの流れに沿うて次第にそのつめまで登る。そして峠を越せば其処に又一つの新しい水源があって小さな瀬を作りながら流れ出している、という風な処に出会うと、胸の苦しくなる様な歓びを覚えるのが常であった。

やはりそんなところから大正七年の秋に、一つ利根川のみなかみを尋ねて見よう、とこの利根川の渓谷に入りこんできた。（『みなかみ紀行』）

牧水は自然があたかも神であり、仏でもあるかのように接し、神仏を詠まなかった。「水源」はその始源、自然の営みの始まりであったのだろう。谷川岳直下の湯檜曽《ゆびそ》に到った牧水は「湯檜曽の辺でも、銚子の河口であれだけに幅を持った利根が石から石を飛んで徒渉できる愛らしい姿になっているのを見ると、矢張り嬉しさに心は躍ってその石から石を飛んで歩いたものであった」（『みなかみ紀行』）。

往時の托鉢僧を思わせる旅衣、わらじ、丈余の杖に身を固め、牧水まつりの参加者たちは終日牧水になり切り、法師温泉から牧水がたどった三国街道を歩き、赤谷川《あかや》の瀬音とどろく湯に浸り、ひたすら地酒を飲む。「牧水から純粋な日本人の自然観の原点を学び、受け継ぐ試みです」（岡田さん）。

「文殊の水の滴りは　暫し木の葉の下くぐり　清濁併せやがてまた　坂東の野をうるほさむ」（県立沼田高校校歌五番）。利根川は地域の人々の原風景なのだ。

赤谷川深く森に潜む法師温泉長寿館。広々とした五か所の湯船の底に一面敷き詰められた丸石の隙間から、澄み切った湯が豊かに湧く。

かって、旅ブームの発端となった旧国鉄のキャンペーン、「フルムーン」のポスター、俳優上原謙と高峰三枝子が湯船につかり、上原が高峰の労をねぎらうかのシーンは、長寿館の湯で撮影された。高齢となった同時代の旅人たちには、その忘れがたい旅へのいざないの景となっている。

飲水思源めざして

大水上山《おおみなかみやま》（一八三四メートル）に発する利根川水源域に藤原、矢木沢など七つのダムが築かれた。その上流は、人跡稀な原生自然境である。ダムの下流、神仏の杜が連なる古道に沿い、山住みの生活史を刻んだ集落が散在している。代表格は修験道・山伏の聖地、上州武尊山（二一五〇メートル）

への登山口にある関東一の豪雪の里、藤原集落だ。

奥州藤原一族の末裔が住むと伝えられる藤原は、神仏・民話の里だ。河畔から森へ神仏の杜が連なり、心打たれる民話が伝わる。

二〇〇〇年、水源を愛でる東京の企業人たちの森林塾青水《せいすい》（清水英毅塾長）の会員たちが藤原へ集まった。合言葉は「飲水思源」。目的は地域の人々と力を合わせ、四五年前まで入会地として用いられていた上の原茅場の復活だ。日本の原風景を思いやる茅刈り、野焼きなどの活動、進入木の伐採、毎木調査、動植物調べと相まって数々の成果を挙げ、専門性の高い日本自然保護協会の沼田真賞を受賞している。

紅葉に燃える山麓の緩やかな傾斜地には、秋、茅の穂が一面陽光に輝く。町は二〇一一年、上の原茅場をモデルに全国初の「昆虫条例」を制定し、町全域で草原と昆虫の保護を始めた。

人間と自然の共生モデルづくりが評価され、みなかみ町全域が「生物圏保存地域」（ユネスコエコパーク）に登録された（二〇一七年六月四日）。世界一二〇カ国六六九地域に設定されている「人間と生物圏計画」と呼ばれる壮大な計画だ。町全体が核心、緩衝、移行の三地域に指定されている。

「核心地域」は法律や制度で長期的に厳格に保護され、「緩衛地域」は核心地域を守るため教育、研修、エコツーリズムなど限られた利用に、「移行地域」は地域社会や経済発展が図られる居住地域である。「利根川の水を利用している首都圏三千万人の人々がエコパークを訪れ『飲水思源』に思いを馳せていただけるように願っています」（岸良昌町長）。

昭和六年国鉄上越線の開通以来、八〇八人余のクライマーが谷川岳で生命を落とした。

主脈稜線上、オキの耳の近くに浅間神社の奥の院が。谷川嶽はかって修験道者たちの命がけの道場だった。

谷川連峰の山麓を縫い、九キロ三時間のハイキング「一の倉散策コース」（初級）をたどれば、凄まじい迫力で絶壁群が迫ってくる。中でも一ノ倉沢、衝立《ついたて》岩は、垂直面が約四〇〇メートル。「東京スカイツリー二塔分をつないだ絶壁です。たいがいの岩場は絶壁にロープを振り下ろすと岩面にロープが這いますが、衝立岩はロープが宙ぶらりんになり、岩壁がその内側にきます」（山岳ガイド、中島正二さん）。スイス・アルプス、アイガー（三九七〇メートル）の難ルートに初登頂した女性クライマー、今井通子医師もこの恐るべき空間でトレーニングを積んだ。

九月から十月末まで、尾根筋に近いロープウェイ終点の天神平（一三一九メートル）で「星の鑑賞会」が開催される。満天の星空を天の川の巨大な流れが横切る。思いもよらない大景観を、いまでは労せずに仰ぐことが出来る。

〈コラム〉「民話の語り達人」持谷靖子さん

みなかみ町猿ヶ京ホテルの大女将、持谷《もちたに》靖子さんは、群馬県の「上州民話の語り達人」に認定されている。懐かしく、温かみのある上州言葉に魅せられ、地元に伝わる民話を土地の古老たちから聞き書きし、この三〇年夜毎、上州弁を繰って宿泊客に語り伝えている。

子どものころ山持ちの祖父に連れられて、前橋から猿ヶ京を訪れるうち、持谷さんはこの土地の人と自然のたたずまいに魅せられていく。

赤谷川のせせらぎ、ブナの森を吹き渡る風のささやきに時を忘れ、子どもたちと三国峠で鳥の鳴き声をまね、野鳥たちと会話を試みる。

鳴き声を人間の言葉に置き換え、鳥の名を覚えやすくした「聞きなし」が日本に伝わっている。

——私のお腹の中にも鳥が住んでいて、一緒に空を舞うんです。トンビは「ヒョイ　ヒョイ　ヒョーイ」(広い、広い、広ーい)。カラスは「アオ　アオ　アオ」(青い、青い、青い)と啼くんです。

館長をつとめる三国路与謝野晶子紀行文学館は広壮な和風建築として有名。晶子が好んだ椿に彩られた庭園の名はカフェ「チンチル」(椿散る)。少女時代の夢を追う大女将は、若山牧水の魂を受け継ぐ「みなかみ町牧水の会」の会長もつとめる。

慶應義塾大学で文学を学んでから、一九六四年猿ヶ京ホテルに嫁ぎ女将に。

「民話とはこの町の元気な爺さん、婆さんのお話。うるさ型、けむたいけれど、きちんと生きてゆく

「上州民話の語り達人」、持谷靖子さん

すべを伝えてきた人たちです。だからこそ民話が語り継がれてきたのではないでしょうか」。

「語り座てまり」代表の持谷さんは、群馬県の教育委員長をつとめた。自由奔放、肝っ玉上州人気質が問わずしてうかがえる人事である。

伝統と変革をつなぐ——日本橋

江戸広小路の復活へ

一六〇四年、江戸幕府は日本橋川に架かる日本橋を東海道、中山道など五街道の基点と定めた。文明開化は江戸の動脈である日本橋川から始まった。

莫大な物資と多彩な人材が水運と幹線道の拠点であるこの地に集まり、伝統と近代化とがせめぎ合う重要文化財「日本橋」の原風景を生んだ。現在のヨーロッパ風石造り二連アーチ橋は明治四十四（一九一一）年に架けられた。

一九六三年、橋の真上に首都高速道路を架け、川はふさがれた。日本橋は生気を失った。高度経済成長後の街の衰退を脱し、日本橋では今、賑わいと潤いの回復、品格ある街づくりへの試みが盛

江戸町人文化の発祥の地、日本橋川にかかる日本橋

復活したお稲荷さんの福徳神社

んに行われている。

江戸っ子気質が盛り上がる祭りの日々。毎年五月神田明神の「天下祭」、翌年六月には赤坂日枝神社の「山王祭」が交互に行われている。

橋の北詰から神田明神、南詰から日枝神社の神輿が賑々しく登場する。しかし橋の中央「日本国道路元標」のあたりで神輿は静止する。双方の神の領分が接し、神輿を率いる江戸町火消名残の鳶《とび》頭《かしら》への配慮もある。祭りの頭上を首都高速道路が横切り、コレド室町1、2、3の壮麗、巨大なビルが間近の空を圧している。

「コレドのお蔭で日本橋界隈に人が集まり、商店の売り上げが増えているようだ。さりとて私には、再開発ビル群の街並みが日本橋伝統の街景とは思えません」。創業四百年、うちわと扇子を商う日本橋最古の商店「伊場仙」十四代目の主・吉田誠男さんの考えは明快だ。「路地に商いと暮らしが息づく風景を私たちは待ち望んでいるのです」。

みゆき通りではヒートアイランドと温暖化を減らすため、間伐材で歩道を舗装し木のチップを敷き、電柱を地下化する「江戸広小路空間復活」の実験を中央区と共に試みている。

日本将棋連盟の名だたる棋士を招いて、子供縁台将棋大会も催される。普段は人気のない裏通りが賑わう寶田恵比寿神社の「べったら市」（十月十九、二十日）が、路地空間復活のモデルだ。

日本橋川に青空を、光を

「日本橋地域ルネッサンス100年計画委員会」の会長、料亭「日本橋とよだ」の主、橋本敬さんは、デパート日本橋東急撤退の辞を今も恥辱としている。「日本橋には未来がない。町に元気がない。客が来ない」。

「そんなことを言われては、黙っていられない、とルネッサンスの会を作りました」。

架橋百年、「日本橋に青空を、日本橋川に光を」。一九六三年この方、頭上を覆っている首都高速道一号線の地下化に向けて衆参両院への請願に、三〇万人を超える署名が集まった。国、東京都、首都高速道路会社が三二〇〇億円超を分担、一〇年後に高速道は視界から消える。

「歴史、文化、景観、自然環境を重んじる、世界に誇れる都市づくり」(請願趣旨)が始まろうとしている。三二〇〇億円は、環境復元のため、社会が負担してもよいと認めた「環境支払」の具体例である。

創業二百年うなぎ割烹「大江戸」の当主湧井恭行さんは、日本橋一の部連合町会長を務めている。「ここで昔から商売をしている人たちと共存できるような街づくりを、三井不動産の岩沙弘道会長にお願いしました」。日本橋は三井グループ発祥の地。三井不動産は超高層ビルの谷間に、この土地に盛んな稲荷信仰の主神ともいうべき「福徳神社」を復活させた。

街が巨大化、超高層化していく日本橋に江戸の広小路、路地空間を復活させるのは容易ではない。コレドの並びにある「料亭とよだ」とお隣の地下工事現場から、生簀が原型のまま発掘された。日本橋魚河岸時代の仲買店のものだ。店の地割も当時のまま今に引き継がれている。店の一軒、一軒が一五坪、二〇坪どまり。「再開発ともなるとやたらに地権者が多く、先祖から引き継いだ土地は、もう地球の芯まで他人には譲らない、ときます」。

粋の美学に生きる街

日本橋の南詰に總本鋪を構える「榮太樓」の細田安兵衛相談役は、日本橋への尽きせぬ思いを語る。「日本橋は大人の街にしたいですよ。教養、身だしなみ、優れた感性を持つ人々を迎えるにふさわしい品格のある街に。そして江戸の伝統工芸品をこの場で作り、日本橋ブランド、文化として発信したいですね」。

日本橋ではさまざまな伝統工房が公開され、実技教室が開かれている。なかでも小津和紙（一六五三年創業）の手漉き和紙体験工房と文化教室は、多くの人を集めている。ここにも伝統をつなぐ姿がある。これら日本橋、江戸文化の素材の多くは東京湾、利根川を経て、堀割とも言うべき日本橋川へ到る物流によってもたらされた。

「失われた良きものは蘇らせ、伝統のあるものは残しつつ、薄っぺらな懐古趣味ではなく、新時代にふさわしい、路地文化を含めた野暮にならない街づくりを合言葉に。一歩下がった控えめな目立たない美意識の姿こそ、日本橋での生き方の美学〝粋《いき》〟の表現なのです」（榮太樓總本舗・細田安兵衛相談役）。

「創造なきノレンは真のノレンじゃない、ノレンは守るものじゃない。心をこめて育て、磨くものです。客を迎える側のそれが本物のもてなしです」。

江戸っ子の心意気、ヤセ我慢。それもこれも日本橋での生き方の美学、〝粋《いき》〟の表現なのだ。

日本橋川の水運によって培われた伝統と変革をつなぐこの街に、水面が光る江戸広小路空間の復活を願わずにはおれない。

〈コラム〉 うぶけや

矢崎豊さんは包丁、はさみ、毛抜きなど打刃物を自ら作り、修理、販売する「うぶけや」八代目の当主である。日本橋人形町三丁目、歌舞伎の切られ与三・お富情話の舞台、元冶店《げんやだな》の三軒先、そこだけが昔風の木造三階建てが矢崎さんの仕事場だ。

「うぶ毛は切れにくい。ヤワヤワ、ホヤホヤ。ああいうもんでも切れますよ。抜けますよ。お客さんからそういう評判を頂戴したのです」。江戸後期の天明三(一七八三)年、大坂船場近くで、刀鍛冶だった初代喜之助が刃物屋に転じた。太平の世に剣はいらなくなっていた。

料理包丁、生け花、裁縫に使う鋏が爆発的に売れ、剣、鉄砲鍛冶あがりの超熟練職人たちが作って売る「職商人」に転じた。

やがて江戸へ出店。八代目の豊さんは、いまも「職商人」として身を立てている。

江戸と上方の打ち刃物の仕様はさまざまだ。例えば生花の鋏、江戸古流派の鋏は、わっかと呼ぶにぎりの輪がゆったりとして今風。使いやすい。池坊はわっかがなく、にぎりの末端に蕨の頭のような優美な細工が。

「刺身包丁と言えば柳刃ですが、もともとは上方が柳刃、江戸は先端が四角い『蛸引《たこびき》』です」。

八畳間ほどの店の壁面に冴え冴えと光る刃物の陳列に、身が引き締まる。

うぶけやの店裏は「職人」の仕事場。丸砥石をセットしたモーターが唸り、角砥石が床に散乱し

うぶけやの矢崎さん親子

ている。「私の場合、職人の仕事が主です。原材料を研いでハガネを出してさらに研ぎ、刃を付けて仕上げます」。しゃくった顎先に息子の大貴さんが。「お陰様であいつが、いま一所懸命けいこ中です。工房四年目、だいぶうまくできるようになり、私の負担が軽くなってきました」「高校の時から店を手伝ってきた流れで……。代々続いている店を絶やすわけにはいかないでしょう」。九代目はさり気ない風情でつぶやいた。

ラムサールトライアングル。早暁の化女沼

4 野鳥——文化としての野鳥

昭和九年六月二日、富士山の山麓、須走の森で日本初の探鳥会が催された。詩人で天台宗の僧籍をもつ中西悟堂（日本野鳥の会会長）が主催し、三十余名が参加した。北原白秋、窪田空穂、柳田國男、金田一春彦、戸川秋骨、金田一京助、内田清之助、杉村楚人冠らである。参加者の多彩な顔ぶれから、野鳥への関心が日本文化の一要素を表現していることがうかがえる。

「朱鷺、文化の舞」ではトキが万葉歌人の感動を呼び、一二〇〇年この方、伊勢神宮内宮に奉納され続けている須賀利御太刀の柄には、トキの尾羽が縫い付けられている神話の由来を紹介する。渡り鳥「雁」に托され、表現されている日本人の情感は世界にも例を見ない。北斎や宮本武蔵の画題とされ、仏教説話とも関連が深い。

「越冬の雁、支える稲田」は、水田稲作と仏教文化に培われた「雁」が持つ文化としての野鳥の一面を紹介している。農薬によって亡ぼされ、減農薬農法によって蘇生したトキが、いち早く環境支払の先例となっていることに注目したい。中西悟堂は、著書『野鳥記』で野鳥に寄せる思いを「野の貢《みつぎ》、山河の頁《ぺーじ》の楽譜である羽族、光の粒」と記している。

絶滅危惧種1A類のシマフクロウはアイヌの最高神である。明治時代に遡る日本の近代化政策は、アイヌ民族と共に彼らの神を追放した。しかし文化としての野鳥は、人々の意識になおとどまり、北海道開拓者の末裔たちの環境への危機意識とあいまって保護、増殖への動きを促すことになった。「アイヌの神、シマフクロウへの共感」の底流、その共感の広がりに注目したい。

第一回須走探鳥会
（日本野鳥の会提供）

二〇一七年以降、日本野鳥の会（会員四・五万人、上田恵介会長）へ、年間最高七億円を超す寄付が続いている。ほとんどが相続の発生によるものだ。東日本大震災以後の現象である。野鳥は自然の科学的な指標と解されると共に、人の魂のシンボル視されてきた。文化基層の豊かさを思わずにはおれない。

東日本大震災以降、心のあり方への関心がかってなく高まり、日本人の意識の変化をうかがわせている。この社会現象と通底しているのではないかと思われる一例として、日本野鳥の会の「ツバメキャンペーン」（二〇一三年）に多くの、とりわけ若い女性が加わった。同会のロゴマークをあしらった携帯長靴は空前の売れ行きを続け、同会の活動資金になっている。

文化・環境としての野鳥への気付き、認識を深めようと日本野鳥の会の機関紙『野鳥』はしばしば特集を組んでいる。

「宮沢賢治と鳥」（No.560）、「象徴としての鳥――古代エジプトの鳥たち」（No.679）、「聖フランシスコと道元禅師――偉大な自然思想家たち」（No.691）などである。

朱鷺、文化の舞——佐渡

朱鷺（トキ）は日本の文化

日の出の瞬間、人家にほど近い林のねぐらから七羽のトキが一斉に飛び立った。新潟県佐渡市新穂、島の中央国中平野の一角。群は杉の木立にいったん止まって様子をうかがい、餌を探すため稲田に舞い降りた。

陽光に包まれて翼の裏側、風切り羽、尾羽が淡い、におい立つような桃色に染まっている。和服の伝統色、朱鷺（トキ）色である。

「飛び翔《かけ》る　すがるの如き　腰細に」「腰細の、すがる娘《おとめ》の、その姿《かほ》の、瑞々《きらきら》しきに、花の如」（『万葉集』）。「すがるは腰の細い地蜂、または鹿の異名で、しなやか、うるわしいなどを意味します」（佐渡博物館資料)。いずれもトキへの讃歌である。

私たちはいまトキが舞う風景から、遠く奈良時代の万葉歌人たちと感動を分かちあっているのだ。トキとは日本の文化に他ならない。

「伊勢神宮の式年遷宮儀式では、天照大神をまつる内宮に奉納される須賀利《すがり》御太刀の柄《え》に、トキの尾羽二枚を赤い絹糸でまといつけます。一二〇〇年も続いているしきたりです」(羽生令吉同館学芸員)。

日の出に合わせ飛び立つ習性、太陽の色を思わせる羽の彩りが、天照大神(アマテラス)につらなる神話を生んだとみられる。


トキ科トキ属の一属一種。学名ニッポニア・ニッポン(日本の日本)。

佐渡で捕獲された最後の野生トキ、ミドリ(雄)による中国北京動物園での人工繁殖の試みが実らず、一九九二年九月、ミドリは佐渡・旧新穂村のトキ保護センターに戻された。この時、特別天然記念物、国際保護鳥、日本産トキの絶滅は決定的となった。

わだつみの最中《もなか》の島に、絶えゆかむ命をつなぎ、種の持続僅かに残す、
Nipponia nippon《ニッポニア ニッポン》、幻の鳥その悲しみのごと。

(宮柊二「朱鷺幻想」部分)

減農薬・有機栽培の水田に蘇ったトキ

「佐渡トキの田んぼを守る会」の斎藤真一郎会長

銃猟と近代農法に滅ぼされた朱鷺

一九五〇年代末に本格化した高度成長経済の時代に、トキの体内から高濃度の農薬成分が検出された。その影響と思われる卵殻の薄い「軟卵」が、しばしばふ化しないままに見つかった。ドジョウやタニシなど生き餌を恵んできた山あいの階段状の水田、棚田は農業の不振で耕作が放棄された。明治の「銃猟」に続き、現代の環境荒廃がトキの生息域を壊滅させた。だが、時代は確実に変わった。

本書カバーに掲載された稲田の開放水面から飛びたつトキの写真は、各方面から注目されている。新装なったJR東京駅のステーションギャラリーでも展示された。稲田は生産過剰・減反、コメ市場の自由化を経てようやく農薬と化学肥料の投入を控えるに到った環境保全型の水田である。この写真はトキが生息可能な環境の条件を端的に示している。

一九八一年、環境庁（当時）は最後まで野外に生息し続けていた佐渡のトキ五羽を捕獲して人工繁殖を試みた。だがヒナはかえることなく、環境省佐渡トキ保護センターは、中国から供与された五羽による人工ふ化の試みを一九八五年から続けてきた。二〇〇八年以来、一〇年連続で通算一九回、三二七羽が放鳥された。二〇一七年には六年連続して野生の環境でヒナが誕生した。二〇〇八年以来の環境省による放鳥と環境保全型農法へ地域ぐるみ転換の努力が実り、二〇一六年四月、四〇年ぶりに放鳥ペアから野生のトキが誕生した。二〇一八年現在、三七二羽が野外で生息している。二〇〇八年、訪日した中国の江沢民国家主席から天皇に贈られた、雄のヨウヨウと雌のヤンヤンの子孫たちだ。

佐渡市新穂正明寺に設けられた環境省の「朱鷺野生復帰ステーション」では、自然界への放鳥に備え、人との触れ合いに馴れさせる訓練が行われている。例えば第一ステージでは、双眼鏡片手の女性観察員が近づく。次いでケージ内の棚田で男性が草刈り作業を披露する。

二〇一八年十月には一一羽が放たれた。

「二〇〇八年以来、地元農家が『生き物を育てる』ためのコメつくりに取り組んでいる。利便性を追い求めた農業からの転換だった。トキの餌となるドジョウやミミズが生息出来るよう農薬を減らし、中干しをして周りの水辺に生き物が逃げ込める水路を作った。冬は田んぼに水を張って湿地の姿にし、年間通して生き物が生息する環境とした。田んぼと水路を結ぶ魚道、隣接するビオトープ整備、どれだけ田んぼに生き物がいるかの調査……。生き物を育む農法は各地に広がった。トキと共生する田んぼから収穫された米は、消費者に高く評価されている」（『日本農業新聞』一面コラム「四季」、二〇一六年四月三十日）。

もうかる農業へ、作物の選択的拡大と経営規模の拡大を柱とする農業近代化（農業基本法農政）とは真逆の社会現象である。

日本の原風景からトキが消えることの「心」への影響は軽視できない。わたしたちはトキの羽のあの絶妙な色合い、優美な舞い姿、トキが舞う森林の精気、トキのいる里の人々の暮らしなどから感動を得る機会を失ってしまうだろう。それは、喜び、恐れ、悲しみ、祈りなど、人が生きていくエネルギーの根源となるはずのものではないか。

カッパ伝説の主ニホンカワウソの絶滅の道は、川遊びの〝ミズガキ〟の歓声が消えていった記録でもあった。

「自然の荒廃は、国民の士気と倫理を低下させる」。絶滅した日本産トキに、アメリカ合衆国環境教育法の冒頭の句が思い浮かぶ。

朱鷺と暮らす郷づくり認証米

トキの主なエサは田んぼにいるタニシ、カエル、ドジョウである。二〇〇八年、佐渡市は農薬と化学肥料の使用量を慣行栽培よりも五〇パーセント以下に減らす「朱鷺と暮らす郷づくり」認証制度を米づくりに設けた。

冬の田への灌水、魚や生きものが集う場作りなど「生きものを育む技術」により生産された米に「朱鷺と暮らす郷づくり認証米」のラベルを貼り、五キロ三千円から三五〇〇円の高値で販売されている。トキとの共存のための費用を分担する環境支払が、都市の消費者にも受け入れられつつある。

佐渡に暮らす幸せとは

「佐渡トキの田んぼを守る会」の斎藤真一郎会長は、ブータンを訪れ、仏教思想に基づくGNH（国民総幸福量、グロス・ナショナル・ハピネス）の社会を見てきた。近代化と共に国民が物欲をふくらませている矛盾は感じられるが、なお「GNH」の思想に私たちは学ぶところが少なくない、と斎藤さんは言う。GSH（佐渡総幸福量、グロス・サド・ハピネス）を合言葉に、トキと共生する社会を佐渡に築きたい、と佐藤さんは願っている。

佐渡の水田九一一〇ヘクタールのうち六〇〇〇ヘクタールが「生き物を育む郷づくり」の認証を受けている。二〇一一年、地域の水田稲作は国連食糧農業機関（FAO）から世界で九番目、先進国では初の世界農業遺産に認定された。地域に合った営農方法を通して、自然と人が共生している地域として評価された。

原風景の復活への努力である。

越冬の雁、支える稲田――大崎耕士

雁に託された想い

その瞬間、沼がしなう。仙北平野の北、宮城県大崎市田尻の蕪栗沼《かぶくりぬま》。日の出を待って三万羽を超すマガン（雁）が一斉に飛びたつ。ドドドドーッ。大地は鳴動し沼畔のヨシの原ともども、一五〇ヘクタールの沼全体が翼の風圧に激しくしなうかのようだ。

キャハハーン。すさまじい音量で鳴きかわし、仲間同士確かめ合うと、V字型の雁行や直線の竿型に隊形を組み、地平線まで連なる田んぼへ索餌に向かう。

落ちモミや田の草で胃を満たし、日の入りとともに仲間ごとに編隊を組み、四方八方から高く低く、ゴゴーッと大群が風切音とともに沼へ戻ってくる。平均体重二・五キロ、広げれば一・八メー

雪の田んぼで採餌する雁

「ふゆみずたんぼ」で夢を語る斎藤さん

トルもの翼をたたみ、一羽ずつほとんど垂直に水面へ落下していく。

歌川広重が描いた「落雁」の景だ。かっては東京上野の不忍池や芝高輪が落雁の名所だった。森鷗外は短編「雁」で、近代化の命運を暗示するかのように、医学生による不忍池での雁殺しの場面を描いた。東京上野の国立博物館に所蔵されている遮光器土偶は、蕪栗沼の近くから発掘された。縄文の昔、先人たちもまたこの光景を眺めていたのだろう。

防寒服でふくれあがった愛鳥家たちが、いまも朝に夕に躍動する瞬間を見守る。

「鳥そのものを見に来るというより、日本人の心の風景を求めて、皆さんここへやってくるのではないでしょうか」（雁の里親友の会・池内俊雄事務局長）。

およそ雁ほど人間の思いを託された野鳥は稀だ。秋の彼岸、遥か北の空から現れ、春の彼岸にシベリアを目指して天涯に去っていく。先人は雁の渡りを、去来する故人の魂の記憶と重ね合わせた。仏教の経典、報恩経には雁の王が仏陀その人として、従う五百羽の群れは、悟りをひらいた修行僧の集団（羅漢）として登場する。

「京都二条城老中の間の襖絵は、雁とヨシの生えた水面で構成された葦雁図です。ひっそりと暮らす雁に、名誉や金銭など執着心を放下した清明な心境を託したのでしょう」（池内さん）。

宮本武蔵の遺品「葦雁図」には剣豪らしい緊迫した空気がみなぎる。ツバメと雁が春秋に入れ替わり飛来する様子は「燕雁代飛」と表現され、永遠に巡り合うことのない二人の運命にたとえられる。雁首、雁爪、雁皮紙、雁金、落雁、雁木造、がんもどき。すべて雁にちなんだ言葉である。

雁とともに生きる人々

釜石市の北上川河口から四〇キロ、標高わずかに三メートルの沼と周辺の湿地帯は縄文、弥生の時代から伊達藩政を経て明治、昭和に到る間、洪水との戦いに明け暮れた。長大な堤防を築いて河道を変え、水田を拓いた伊達政宗、大規模排水機場を設け、動力で水を干しあげた近代日本。富国強兵から高度成長経済へ、国策は変わっても一貫して新しい水田の開拓に力がそそがれてきた。東日本一の米どころ大崎耕土（二万五〇〇〇ヘクタール）は、いまはコンバインにはじかれる未成熟米の、大量の落ちモミと田のあぜの草とで日本一の雁の群れを養っている。

北東ロシア・チュコト半島で繁殖したマガンは、カムチャッカ半島を経由した後、北海道の石狩川流域まで約一〇〇〇キロを一直線に飛び、平均時速一〇〇キロ、およそ一〇時間で到達する。

蕪栗沼と周辺の田んぼは二〇〇五年、水鳥の生息地を保護するラムサール条約の指定湿地に登録された。沼と田が保護地として併記されたのは世界ではじめてだ。

水田と丘陵地が接する一帯は、渡り鳥の生息湿地を守るためラムサール条約に登録された伊豆沼・内沼（五五九ヘクタール）、蕪栗沼・水田（四二三ヘクタール）、化女沼《けじょぬま》（三四ヘクタール）を擁し、「ラムサールトライアングル」と呼ばれている。

雁は長らく稲を食べる害鳥視されてきた。しかしコメの生産過剰から減反、そして環境保全型農業へ、時代を経て農民、行政と自然保護グループが互いに理解を深めていく。例えば蕪栗グリーンファームの齋藤肇さんは、冬の田んぼに水を張る「ふゆみずたんぼ」農法で米を栽培している。雁や白鳥が降り立ち、その排泄物でイトミミズが増殖し、雑草が生えにくい除草剤不要の田に変わる。食害の補償、沼に隣り合う湿田の買い取り、沼へ戻す策などによって、豊葦原端穂の国の原型が、蕪栗沼と水田地帯によって保たれることになった。雁に寄せる人々の思いがその原動力になった。

「これこそ日本の文化、多様な生物と共生する水田農業の努力する実践例です。渡り鳥の王者雁にお墨付きをいただいた大崎耕土のコメ、味わい深い食の文化は市民の誇りです」(伊藤康志大崎市長)。

大崎地域一市四町は二〇一八年、国連食糧農業機関(FAO)から「世界農業遺産」に選ばれた。社会や環境に適応しながら何世代にもわたって形作られてきた伝統的な農業と農業上の土地利用や景観、農の文化、生物多様性などが一体となった世界的に重要な農業システムとして評価された。洪水や冬の北西風から家屋敷を守る、屋敷林「居久根《いぐね》」の散居集落の景色も高い評価を受けた。多様な樹種で構成され、水田の中に浮かぶ森のように点在する居久根は、水田地帯に張り巡らされた水路と共に、多様性のある土地利用と独特な景観(ランドスケープ)を生み出した。

この景観は、多くの動植物が生息できる環境も提供し、大崎耕土の湿地生態系の保全に貢献している。

さまざまに雁と係わる市民グループの充実ぶりには目を見張らされる。

「この素晴らしい鳥たちが将来にわたり、安心して人間と共に暮らすことができるように」（日本雁を保護する会・呉地正行さん）。

「厳しい自然の中で家族が助け合っている姿を見ることで人の世の思いやり、情愛を思い出してください」（蕪栗ぬまっこくらぶ・戸島潤さん）。

「田んぼの生産性と生物多様性をどう共生させていくか。その答えは人間が自然とどう付き合っていくかにつながります」（田んぼ・岩渕成紀さん）。

呉地さんは物理学、戸島さんは原子核物理学、岩渕さんは教育学、雁の里親友の会の池内俊雄さんは古典文学のそれぞれ専門家だ。

「西行や定家を原点に、日本人の季節観と死生観を研究していて桜と雁に行き着き、雁をその対象に選びました」。

雁の文字「厂」（がんだれ）は、V字型に飛んでいる雁の列を、その中の「隹」（ふるとり）は、撃った雁を持つ人を表しているという。文字の意味と八年間の雁との付き合いから、池内さんは人が自然を守るのではなく、人は自然に生かされているのだと思うようになったと言う。

沼に近い杉山集落の人々は　伊達藩以来の謡の伝統を継いでいる。

長き命を汲みて知る
心の底も曇りなき

朗々と謡曲が流れる大空を、五百羅漢の大群がのびやかな雁行を描いて去来する。

〈コラム〉蕪栗沼

「蕪栗沼の原風景？　どこもかしこも葦の原。そこに雁がいて、身動きできなかったなあ。貧しかったなあ」。元教員平野末子さんは、昭和四十年代初めを顧みる。田下駄をはいても腰まで潜る沼地に、一三戸の農民たちが稲を育てた。「一生懸命やっても二升までしか穫れねえ。代わりにウナギを獲って街で売って歩いた」。

大崎市田尻町、加茂神社の御神体（虚空蔵）はウナギである。地元では、とりわけ寅《とら》年と丑《うし》年生まれは、ご本尊の虚空蔵様がウナギと習合されているので、いまでもウナギを食べない。

かって田んぼの水が漏れ、農民を苦しめた。雨の夜、見回りの庄屋が、田を区切るアゼにネズミが穴を開け、水が漏れているところにウナギが土を埋め戻しているのを目撃、ウナギは神様に祭られる。大貫小学校の校長だった田尻郷土研究会会長の平野一郎さんは十七歳の時、中学校の卒業祝いの席で〝ハモどんぶり〟をふるまわれた。実はウナどんだった。一郎少年は全身にアセモが吹き出る奇病に。大崎八幡神社で拝んでもらった折、「食ってはならぬものを食べたタタリだ」とのご神託。十七歳の倍の三四匹のウナギを蕪栗沼から獲って、再び沼に放生したところほどなく病はいえた。

民話とも実話ともつかない物語を、末子夫人は大型の紙芝居に演出し、学校を訪ね子どもたちに伝えている。

一郎さんは昭和五十八年、町の『広報たじり』

平野さん夫妻と手作りの紙芝居

に「蕪栗沼を次の世代に残そう」の一文を寄せ、荒れた自然の回復と雁の保護を訴えた。猛烈な反発と脅迫が。護衛のパトカーが出動する騒ぎに。

「野鳥と米のどっちが大切かわからぬ校長は大貫ではいらない。どこかにひかれかれかれ」。

だが今では「人間が賢くなった。ガンを味方に入れて新しい農業を考えるようになった。田尻のガンは幸せだ。ロシアでは銃で撃たれるからすぐ逃げる」。

アイヌの神、シマフクロウへの共感——根釧原野

銀の滴ふるふるまわりに
金の滴ふるふるまわりに
という歌を歌いながら
川に沿って下り
人間の村を見下ろすと……

（知里《ちり》幸恵《ゆきえ》『アイヌ神謡集』「フクロウの神が自ら歌ったユカラ」）

世界一透明な湖、北海道摩周湖からの伏流水が西別川・シュワンベツ水源地に噴き出してくる。一九九三年秋新月の夜、一対の巨大な鳥影が養魚場に舞い降りた。「ボー、ボー」「ウー」。闇を圧してとどろく雌雄の鳴き交わし。養魚場を見張る男たちに緊張が走った。

カワマスをとらえた瞬間のシマフクロウ
（阿部信行撮影）

アイヌ集落の最高神コタン・コロ・カムイ（集落の守り神）。翼を広げると一・八メートルに達する大型の魚食性フクロウである。河川や湖沼周辺の森林に生息し、広葉樹の木に営巣。両生類、ほ乳類、鳥類を捕食する。北海道の広い範囲に分布していたが、現在は東部の日高山脈、知床半島、根釧台地に合わせて約一六五羽程度が生息している。一九七二年、シマフクロウは「絶滅危惧1A類」に指定された。

立ち上がった開拓農民の子孫たち

標茶町で生まれ育った開拓農民の子孫たちは、シマフクロウの出現に驚きながらも、「何故養魚場の附近に住み着いたのか」に思いをめぐらせた。河川改修や砂防ダムによって、ヤマメやオショロコマなどの小魚が上流部に遡上できなくなっていた。餌を奪われたシマフクロウにとって、養魚場は最後の生命線だったのだ。彼らは「いのちのゆりかご」も奪われていた。巨木にできた「うろ」を利用して巣をつくる彼らにとって、牧草地をひろげるための森林伐採が、種の命脈を危くしていたのだ。

「神様を救わねば……」。男たちはそう直感した。

牛乳と鮭の日本一の大生産地、根釧台地とオホーツク海をつなぐ西別川の河畔に暮らす人々が手をつないだ。「人々」とは、作家開高健が『ロビンソンの末裔』で描いた、不毛の大地で苦闘の歴史をたどった開拓民の末裔たちである。酪農家と漁業者をはじめ住民たち七五人は、一九九四年「虹別コロカムイの会」をつくり、「シマフクロウ百年の森づくり」に着手した。

――アイヌ民族は、シマフクロウを「国または村を持つ神」（kotan koro kamui, コタンコロカムイ）として大変尊敬してきた。その立派な風格とものごとをすべて見通してしまうような眼差しは、まさに神としてふさわしいものを持っている。

私たちはシマフクロウの置かれている現状を憂慮し、少しでもシマフクロウが生存しやすい環境づくりのために、あらゆる努力を払う所存である。（虹別コロカムイの会、設立の趣旨）

標茶町立虹別中学校は、毎年五月に行われる植樹祭での苗木植樹作業を正規の授業と定めている。漁民、酪農家、一般町民、遠来の支援者など三百人以上が、西別川沿いに拓いた植林地で、鋭い刃がついた島田グワを振って笹の根を切り拓き、森林組合員の手ほどきを受けて三千本の広葉樹の苗木を植え付ける。この二四年間で西別川の両岸幅五〇メートルから一〇〇メートルに約八万本の広葉樹の苗を植え、手入れをする一方、残っている巨木に巣箱を架け続けている。北海道に一六五羽しか生息していないシマフクロウの、実に三六羽がコロカムイの会員たちの手で巣立った。

酪農家も川沿いの牧草地を植樹場所に提供、植樹したミズナラやハンノキが、今では三メートルを超す高さに生い茂っている。

自然の恵みを支え合う生・消協力

作業後は北寄貝、カニ、エビ、カキ、アサリ、ニシン、ホッケ、鮭などオホーツク海から獲れたての幸を山ほど並べ、サッポロビール飲み放題の「オホーツク大パーティ」が催される。辺境の地の人々の元気が誠に痛快である。

「我々の生活は自然の恵みで成り立っている。シマフクロウがいなくなったら生活が危ない」(舘定宣虹別コロカムイの会会長)。

「川の縁に林の緩衝帯が出来ると、大雨の時に土砂が川に流されなくなり、安心して酪農が出来る」(酪農家)。

「放流した鮭の稚魚が森からの養分で育ち、四年後には五パーセント近くも西別川に戻ってくる」(漁業者)。

そして生きた魚がシマフクロウの主食となる。自然界がつくり出す栄養分は森と川と海と大地をめぐり、牛乳や鮭となって私たちの生命を支えているのだ。

国が出資する「環境保全機構地球環境基金」と民間の「緑の地球防衛基金」が「シマフクロウ百年の森づくり」を支援している。このように森と川による自然の恵み(生態系サービス)を維持する費用を、牛乳や鮭の消費者も分担できないか。早稲田大学を拠点とする早稲田環境塾が仲介役となり調査、研究を進めている。緑の地球防衛基金はカード会社の協力で、消費者がカードで支払った金額の〇・五パーセントを積み上げたものを支援の財源としている。生産者と消費者の費用分担の原型——持続可能な生産、消費の可能性が生まれつつある。

会づくりに先立ち、舘現会長らは標茶に住むアイヌの子孫たちを訪ねた。会の名称にコロカムイ（集落の守り神）というアイヌの伝承語を用いるためだ。

アイヌたちは会の活動に賛同し、快諾した。標茶のアイヌは人望厚かった英雄（エカシ長老）シタロー（和名 榛《はしばみ》 幸太郎《こうたろう》、一八八四—一九三一）の系譜をひく。

熊送りの儀式イオマンテと並んでシマフクロウのイオマンテは、神の鳥を感謝をこめて天上の神へ送り返す儀式であり、昭和十八年まで虹別のシタローの住む集落で続けられた。

虹別コロカムイの会の「シマフクロウ百年の森づくり」は、シマフクロウが生息する原生林を破壊し尽くした、近代の日本人たちによる西別川原風景の復活作業を意味する。

シマフクロウへ共感の淵源

アイヌ語「シレトク」（知床）は地の涯を意味する。その半島間近、根釧台地を貫流する西別川の流域で、土地の人たちが「シマフクロウ百年の森づくり」を始めて二六年を数える。

虹別コロカムイの会の会員たちの感動が、この土地を超えて人々に共感の輪を拡げているのは何故か。

雁が一例だが、先人たちが野鳥に想いを託してきたからだ。「想い」とは感性の文化に根差す共感である。

野鳥とは即ち、日本文化の基層にある感性表現（もののあわれもその一形態であろう）が仮託された象徴なのだ。前出の「朱鷺」「雁」が好例である。昭和九年六月、北原白秋、柳田國男、窪田空穂らが参加して富士山山麓須走で行われた日本初の探鳥会からもそのことがうかがい知れよう。

シマフクロウは日本の先住民族アイヌから集落（Kotan）を持つ（koro）神（kamui）と畏敬されてきた。アイヌの暮らしの場を司る神であった。

アイヌモシリ（大地）へ移住した、開拓者たちの末裔である「虹別コロカムイ会」に集う人たちも、シマフクロウに土着の神を視ている（会の設立趣旨）。

「土着の神」とは何か。宇根豊氏（百姓・元農と自然の研究所代表）は、早稲田環境塾での講義「生きもの語りのめざすもの　科学を濫用する人たちへ」で、外来語の生物多様性に匹敵する日本的な「もの」の存在に注意を促した。

――生物多様性という言葉を使うと、この考えに匹敵する日本的な「もの」から目が離れていくような気がする。

となりの婆さんが畦草刈りを急にやめて、田んぼの下の道を通って、家に戻って行った。しばらくすると畦で線香を焚いて、手を合わせている。そして草刈り機を抱えて帰って行こうとする。そこで、どうしたとね?と尋ねてみた。「いや、シマヘビを切ってしまってね。もう今日は仕事はやめにする」「しかたなかよ、草刈り機じゃ気をつけていても、つい切ってしまうもんね」と慰める。

生き物の命を奪うことの悲しみを婆さんはしっかり受け止めて、引き受けている。

現代人の支持する「生物多様性」は、自然という生きものの世界を外側から見ている。一方伝統的な日本人は、特に百姓は、生きものを自分の世界の一員として、内側から見ている。

科学は自然の外からの生き物の認識であるが、先人の百姓たちは自然の内側から生き物を認識している。現在とどう違うかと問われれば、眼差しと情愛の深さが違うと言うしかない。

宇根氏はそのように講義を結んだ。

シマフクロウへ寄せる眼差しと情愛の深さが、シマフクロウに「土着の神」を視る心を培っているのであろう。

地吹雪遭難事件に寄せて

釧路湿原国立公園の面積の半分近い一九九三ヘクタールは標茶町に在る。北側丘陵の低い尾根筋を一本越えたところを西別川が流れ、シマフクロウが生息している。虹別コロカムイの会の「シマフクロウ百年の森づくり」の動機は様々に説明されよう。

確かな事実は、担い手たちの主力が苦境から蘇った開拓農民、漁民たちの子孫であることだ。シマフクロウ生息域の自然と虹別コロカムイの会に集う会員たちの人間像を、現代俳句協会宮坂静生会長の選評を借りて記したい。

サロベツや地吹雪はみな海原へ　（源鬼彦『土着』）

真冬の荒涼たる原野。人間の温みなどどこにもない。それでも生きなければならない。来る日も来る日も地面から巻き上がる地吹雪だけが気負い、吹き抜ける先は荒れ狂う北の海。産土《うぶすな》といい、土着といい、すべて偶然の生存をいかに天命として受容するか、人間の短い生涯はそれに尽きよう。迫真の作。

（『日本農業新聞』一面掲載「おはよう　名詩と名句」欄）

「サロベツ」を「根釧台地」と置き換えれば、猛りたつその自然環境は等しい。地吹雪に巻かれた父が娘を抱き寄せ「凍死」した事件（二〇一三年）は記憶に新しい。

戦後間もない冬、絶滅したと思われていたタンチョウが数羽、湿原の鶴居村に現われた。その時開拓農民たちは、春耕に保存していた播種用トウモロコシをタンチョウに分け与えた。自らの肉を削るに等しい行為であったことだろう。

この地のトポス―場所の特性とは、生命を脅かす自然の威力に抗して、共に生きる、生き抜こうとする生命体への深い共感に他ならない。同時に、地吹雪のかなたに生命蘇る春を望見することの出来る、生き物の地力への相互信頼に他ならない。

ロッキード事件で東京地検特捜部に逮捕された田中角栄首相に代わって、清廉潔白で知られた三木武夫環境庁長官が首相に推された。

環境庁を去る日、三木長官は記者会見し次のように述べた。

「田中君に言っておきたいことがある。人生にはカネで買えないものが二つある。自然と友情だ」。

当時三木は週末を過ごす神奈川県真鶴の別荘で蜜柑を有機栽培し、別邸の建材の一部に東京電力が廃材にした電信柱を用いていた。

色黒で小粒でとびきり酸っぱい蜜柑を、訪問客はおし戴いたものである。

山際の棚田に稔る稲。飯山市福島新田で

5 里山——懐かしい里山を訪ねる

以前にどこかで見かけた風景を、今再び眼前にしているような「既視感」を私たちはしばしば覚える。旅路の風景に見る既視感は、その風景が各地に散在している類似の風景によってもたらされることが少なくない。日本人によって共有されている原風景ともいえよう。

四季の車窓に映える稲田の彩り、穏やかな集落のたたずまいなどはその「既視感」をもたらす風景の例であろう。

どこにでもありそうで「そこ」にしかない風景への共感は、親しさと懐かしさによるところが大きい。「ふる里」や「浜辺の歌」を愛唱する人々の心の風景を、私たちは共有しているのだ。

私たちは風景に「風土」を視ている。

風土とは気候と地形に人が働きかけて作り成した物理的な景観を基に、そこで培われた無形の文化の営みを重ね合わせて表現される。風土は人々が自己の独自性（アイデンティティ）を確認する場ともなる。アメリカの若者たちが休暇に大挙してヨーロッパを旅する現象は、そのルーツを訪ねる姿でもある。

飯山、三春、上田、秋田角館、伊豆湯ケ島、新潟十日町の風景の、その地域独自の、しかし訪問者にも親しさと懐かしさをもたらす「風土」が明快に表現されている場所を紹介する。

飯山は山岳信仰、修験道の道場となった飯縄《いいづな》、戸隠、黒姫、妙高の稜線のつらなりを遥かに望み、街中を千曲川が流れる。市の水源は山腹の深いブナの森に発する。木の根元は、冬の積雪の重さでくの字に曲がっている。

山岳を遠景、ブナ森を中景、千曲川を近景とするのびやかで、均衡のとれた風景は、見る者を永遠なものへの思考にいざなう。奥羽縄文の里、田沢湖の夕景もまた、遠望する雪の乳頭山とあいまって、いにしえの人々の暮らしへの想像を刺激する。

三春と角館は桜、上田は城、伊豆湯ケ島は名湯、十日町は棚田で名高い。自然と人間の秘められた物語に私たちは共感を覚える。そこで培われ、表現されている独自の文化（暮らしの流儀）が、訪れる人々の心にひびき、共感を分かち合えるからであろう。

これらの土地には自然・人間・文化の環境の三要素が本来の姿で保たれ、懐かしさと深い安らぎ感をもたらしている。ふる里の原風景といえようか。

棚田に刻まれた先人の営み——十日町

魚沼産コシヒカリの里

有数の豪雪の地、新潟県十日町（人口約六一〇〇〇人）は名高い「魚沼産コシヒカリ」の主産地である。信濃川に沿い山あいを縫うJR飯山線が、雄大な河岸段丘に達するところに十日町の街並みが広がる。信濃川の流れによって刻まれた段丘での農耕は、等高線にそって田畑を区画する「棚田」で営まれてきた。標高が高くなるにつれて地形は急峻、複雑になり、棚田は様々な形を描く。十日町・魚沼産コシヒカリの多くは、このような山腹に刻まれた棚田で作られる。昼と夜の気温差が大きくリン酸、ケイ酸を多く含む土壌が、イネの成熟度を高める。

積み上げられてきた品種改良、栽培技術向上への努力、そして消費者から日本一の食味と評価さ

星峠の棚田

れ高値のつくことが、この地に産する「棚田ロマン」米の作り手の意欲を支えてきたといえよう。しかし棚田でのおいしいコメ作りは、担い手の不足と高齢化、農作業の困難さから、今までのやり方では作り続けることがむずかしくなりつつある。

河岸段丘を登りつめ、分水嶺を越えて山地に深く分け入った松代《まつだい》、松之山では、農地はすべて棚田である。ひと冬の降雪量が二一メートル八九センチを記録したこともある日本一の豪雪の地、東《ひがし》頸城《くびき》丘陵を間近に望む松之山に、稲作農家の田中磨さんを「グリーンハウス里美」に訪ねた。新潟県初のグリーンツーリズムの農業体験宿舎である。米国人を交えた、家族連れの宿泊客で賑わっていた。

棚田に刻まれた先人の営み

田中　棚田一枚の形は、三角であったり丸であったりで機械を使えず、手作業が多くなります。その上、強湿田なのでコメ以外の作物を作るのがむずかしいです。棚田からはヤジリや住居跡が見つかります。大昔からこの土地に人々が住んでいたのです、私はここで生まれ、育ちました。小学生のころからコンバインを動かしたりして、やっぱり一生ここで仕事をするのがいいかな、と子どものころから思っていました。

田中さんは高校から農業大学校を経て、八年前に就農した。五ヘクタールの田を耕すが、そのうち四ヘクタールは五〇か所に散在する借地や作業委託地である。

田中　棚田も農政に散々振り回されてきました。減反、転作、条件不利地への直接支払い。しかし補助のやり方が散漫です。やる気のある者に集中して、農業機械など資本の整備をしっかりさせる。そうすれば棚田は担い手のもとに集まり、保たれていくでしょう。

ＪＡ十日町は「安全、安心の米作り」のため〝土の診断〟を徹底させ、化学合成農薬、肥料の使用量を今までの基準から三〇パーセント減らす運動を進めている。刈り取った稲の茎と葉はその場で細かく砕かれ、有機肥料としてすき込まれていく。

蛍やアキアカネ（トンボ）が舞い、ヤゴ、メダカが泳ぐ松代・松之山の棚田産コシヒカリは「棚田ロマン」、他の十日町産の高品質・高食味米は「魚沼ロマン」のブランドで日本一の高価格で取引されてきた。

ＮＨＫ大河ドラマ『天地人』の導入シーンに登場した星峠の棚田を始め、儀明《ぎみょう》、仙納、蒲生、狐塚、犬伏など松代、松之山の山あいには、訪れる者を惹きつけてやまない里山の原風景である棚田が連なる。

なぜ人々は棚田に思いを寄せるのだろうか。

人と自然の営みによって築かれてきた棚田の風景に、先祖の暮らしにつながる懐かしさ、心を奮い立たせる先人の努力の成果を読み取り、共感を覚えるからではないだろうか。

一五回目の「全国棚田（千枚田）サミット」が温泉郷でもある十日町で開かれた。迎えた地元からの言葉は「雪の雫が育ててくれた棚田。湯《ユー》、米《マイ》、心《ハート》のある十日町で待ってるすけの〜」だった。

畦畔が描く棚田の美しさ

畦畔《けいはん》。あぜ、くろとも呼ばれる。田んぼを区切る境目の土盛りのことだ。石積みも多く、日本中の総延長を合わせると万里の長城に等しいと言われる。繁茂する草を刈り払い、手入れされたすっきりと弧を描く畦畔があってこそ棚田は美しい。

ＪＡなどによる「魚沼米憲章」は「農道や畦畔は、草刈りを基本とすること」と定めている。除草剤など農薬を使わないように、との生産者の申し合わせである。

稲への影響もさることながら、畦畔に生息する多様な生物への配慮からである。

農政は米の生産農家に対する助成に、農業の持つこのような自然、環境保護の働きへの評価額を含めている。そのためには田んぼによる環境保護への貢献を金銭に換算することが求められる。

民間の稲作研究所の稲葉光圀理事長は、水田一〇アールの畦畔管理費を、年に五回の草刈りの労賃と燃料、機械の償却費とを合わせ一万円と見積もっている。

安全な畦畔をたどり、田んぼが培う生物の豊かさを学び、冬も水を落とさない堪水によって、田んぼに住み、餌をとる水生生物や渡り鳥の生態を観察する。パネルや解説板を多用して田んぼと背後の森からなる生態系を学ぶ。このような棚田の風景は、〝効率と安さ〟にふりまわされてきた生産や消費のあり方を、自然と人の共生から考え直し、私たちと動植物のいのちのつながりを学び、実践する教室になるはずだ。

それは私たち一人一人が秘めている内なる自然が、大自然の息吹き、生命の潮流に合流していることを実感し、のびやかに生きる力と知恵とを得る機会になるであろう。

温泉と雪が育てるカサブランカ

信濃川のほとりから河岸段丘を山側へ。広々とした段丘の平地には人参、アスパラガス、中玉トマトの畑が広がる。冬から春にかけて栽培される青菜「城之古菜《たてのこしな》」の栽培も盛んである。

冷涼な山あいでは純白の大輪ユリ、カサブランカが、さらに標高が高くなるとシャクナゲやオミナエシなど宿根草が作られ、きのこ、なかでもエノキ茸の栽培が盛んである。魚沼産コシヒカリ、エノキ茸、カサブランカは共通する白い色から「スリーホワイト」と呼ばれ、十日町の特産品とされている。

人気のカサブランカを施設で栽培している根津一男さんを、標高三〇〇メートルの中里に訪ねた。

初冬だというのに人の背丈に迫ろうというカサブランカが、大きなツボミをたくさんつけて勢いよく直立している。

——三〇年ほど前にスカシユリの球根づくりを始めました。だが農産物の自由化で、オランダ産の球根に市場を奪われました。そこでオランダから小さい球根を安く輸入して、一年かけて大きく養成し、二年目にこうやって切り花にします。輸入一作球と称していますが、国産に近いですよ。コシヒカリと同じで、ユリの花も、標高差があって、昼と夜の気温差が大きいほうが強く育ち、色が鮮やかになります。

ハウスには近くの温泉からお湯を引いて暖房している。日本三薬湯の名湯、松之山温泉に近い土地柄ならではのエコ暖房である。

JA十日町の構内にあるカサブランカの出荷作業場は、三月の彼岸に室内のおよそ三分の一を天井まで雪で固め、九月いっぱい雪の冷熱で作業し、花の鮮度を見事に保っている。十二月中旬から四月中旬まで、平均積雪約二・五メートルの根雪となる自然条件を生かした、こちらはエコ冷房である。

窓辺を飾るカサブランカに秘められた「温泉と雪」の恩恵。十日町ならではの、自然に連なって生きる暮らしの知恵を感じさせる。

〈コラム〉「ええ、ぼちゃだ」

十日町の松代ではお風呂のことを「ぼちゃ」と呼ぶ。「ええ、ぼちゃだ」。

芝峠の温泉「雲海」の露天風呂からは、三六〇度折り重なる山並みが雲海に沈み、たゆとう風景が洋々と拡がる。近くに蓬平《よもぎひら》、仙納、菅刈《すがかり》など棚田の名所が散在し、温泉浴と組み合わせた「棚田ツアー」が人気を呼んでいる。

南側に隣り合う松之山には有馬温泉、草津温泉とともに三大薬湯とその効果が讃えられる名湯、松之山温泉が七百年の歴史を秘めて、いまだ動力に頼らず自噴し続けている。

お湯の〝味わい〟は真夏の海水浴のしょっぱさと変わらない。かって海であったところが地殻の変動で閉じ込められ、海水が温泉となって湧き出している。pH9の強アルカリ泉で湯ざめせず、肌はツルツルに。薬湯として知られるゆえんだ。

新潟は有数の酒どころ。十日町にもすっきりした辛口の地酒がひしめいている。

温泉と酒。敗戦後の混乱期に、太宰治と並び文学ファンの人気を二分した、新潟出身の無類の酒好きにして、無頼派作家、坂口安吾の遺品などを収蔵する「大棟山美術博物館」が、松之山にある。七百年の歴史を重ねた村山家三十一代の当主が、叔父安吾の思い出の品々を公開している。安吾は学生時代から松之山をしばしば訪れていた。

今では〝絶滅種〟となった「酒豪、無頼派」の面影を、「温泉と酒」に浸ってしのぶのも一興であろう。

「大地の芸術祭」、棚田に配置された作品（編集部撮影）

戦国の名将上杉謙信ゆかりの「松之山街道」をたどるのは、歴史ドラマファンの楽しみだ。文化庁の「歴史の道百選」に選ばれた史跡への路である。

江戸時代にはこの路ぞいに犬伏、松代、蒲生の三宿場駅が設けられた。いずれも棚田に近く、山と谷を縫う閑静な路だ。

歴史の路とは対照的に、妻有《つまり》の里山を歩くとあちこちから彫像やモニュメント風の像が現れる。棚田や森、里山の集落をアトリエに、芸術家たちが集い、〝先端アート〟の創造力を競う三年ごとの「大地の芸術祭」の作品群だ。

雪国農業の原風景をとどめる十日町トレッキングは、地域社会の個性豊かな底力と文化性とを十分に伝えてくれる。

人と環境が織り成す、懐かしい風景——飯山

自然と歴史がともに築いてきた景色

奥信濃・飯山、寺の町の風景は、自然のたたずまい、人の営み、文化の伝統が一つになって、本物の「環境」とは何か、を一瞬にして気づかせてくれる。

飯山は「環境の原風景」を今に伝える懐かしい街である。千曲川に沿い河岸段丘を走るＪＲ飯山線の車窓に、黄金色に波打つ棚田が迫る。柳やヤチダモの河畔林を深々とまとい、紅のリンゴ林を点綴させる表情豊かな風景は、小諸へ到らずとも島崎藤村のみずみずしい「千曲川旅情の歌」の風景を思わせる。

歌い継がれてきた唱歌「朧《おぼろ》月夜」の生誕の地「菜の花の丘」に立とう。

水面を光らす眼下の千曲川を経て、南から北へ飯縄《いいづな》（一九一七メートル）、戸隠（一九一一メートル）、黒姫（二〇五三メートル）、妙高（二四四六メートル）が雄大な稜線を連ねる。神と仏の教えを合わせて日本文化の源流を培ってきた修験道の本場である。

歴史と信仰の伝統は、日本を代表する仏壇産業を飯山にもたらした。名うての豪雪に抗して築かれた愛宕町雁木通りには、豪勢な構えの仏壇・仏具店が連なる。木地師、蒔絵師、金具師、宮殿師、彫刻師が創造してきた日本文化の華である。百年を経て古びても、飯山仏壇は部品ごとに分解し、洗浄され、装いを新たにすることができる。仏壇通りを挟んで丘の麓には島崎藤村の『破戒』の舞台「蓮華寺」のモデル真宗寺や、飯山城主の菩提寺で、川中島合戦のヒーロー、槍の名人、鬼小島が眠る英岩寺などの名刹が連なる。

「菜の花の丘」の背後間近から、福島新田の棚田が稲穂の黄金色の雪崩となって迫る。急斜面を大人の背丈ほどの高さにきっちりと刻み、石積みされた棚田は、几帳面で郷土愛の強い長野県民気質のあらわれと言われる。桐の花が咲く五月、地元東小学校の児童は総出で棚田に苗を植える。

『阿弥陀堂だより』が求めた飯山

棚田が森に接する万仏山（一二七二メートル）の山腹に、古びた藁葺き小屋が。映画『阿弥陀堂だ

唱歌「朧月夜」の詩情あふれる飯山の風景

愛宕町雁木通り

より』で北林谷栄さんが演じる、仏と神と人間とを結ぶおうめ婆さんの住み家となった。都会暮らしで傷つき、疲れた人の心の回復の物語にふさわしいロケ地を探しあぐねていた小泉堯史監督は、福島新田を訪れその風景に触れ即断したと伝えられる。

「信州の山奥は奥が深い、どこまで行っても律儀な信州人の跡が存在し、それがまた、ただの自然そのものよりも人の心に訴える懐かしい風景として目に映るのである。誰もが無意識のうちに持っている人間としての基本的な暮らし方の理想。そういったものが信州の田舎には色濃く保存されている」(『阿弥陀堂だより』の原作者南木佳士)。

阿弥陀堂の縁側から「環境の原風景地」飯山の遠景、中景、近景が一望できる。それは森と水の「自然環境」に支えられた暮らしが培う確かな「人間環境」、自然・人間環境の上に築かれ現代に伝えられ、息づく「文化環境」に他ならない。

菜の花畠に　入日薄れ
見わたす山の端　霞ふかし
春風そよふく　空を見れば
夕月かかりて　におい淡し

里わの火影《ほかげ》も　森の色も
田中の小路を　たどる人も
蛙《かわず》のなくねも　かねの音も
さながら霞める　朧月夜
（高野辰之「朧月夜」）

飯山の風景を訪ね歩くとき、心は深く憩い、懐かしさがこみあげてくる。

心を清める正受庵とブナ林

飯山市民の心の背骨は正受庵《しょうじゅあん》・慧端禅師、市民の暮らしを支える水の源は、鍋倉山（一二八八メートル）の一帯四〇〇ヘクタールをおおうブナの天然林だ。

正受庵は三三〇年の昔、松代藩主真田信之の子で、藩きっての剣の使い手であった慧端禅師の禅室である。飯山城主が寺領と大寺建立を申し出たおりに、慧端禅師は「出家は三衣一鉢あれば足りる。他は一切無用」と断り、一個の水石《すいせき》と一本の櫟《いちい》の木を求めた。正受庵の軒の下には水石が、庭先には櫟の木が禅師の志を伝え、今も凜としてたたずむ。

臨済宗中興の祖白隠はその弟子である。正受庵は明治政府の廃仏毀釈令により、明治七年廃寺となった。しかし幕末・明治の政治家で剣の使い手として知られた山岡鉄舟が正受庵復興を試み、「正

正受庵・慧端禅師の水石と櫟（後方左）

受庵復興願文」で全国に呼びかけ、臨済宗が今日の形に復興した。

「ブナ山に水筒いらず」のたとえどおり、広大なブナ林は飯山市民のいのちを支える緑のダムである。芽吹きの五月から紅葉の十一月まで森歩きを楽しめる。森の癒しを体験できる「森林浴」の効果あり、と日本で最初の「森林セラピー基地」に林野庁から認定されている。

〈コラム〉信州人情物語

民宿「信濃百年」。ＩＴ技術者から転じた高橋俊三・文子夫妻が自ら汗を流し、長い時間をかけて古い農家をゆったりした囲炉裏と広い土間を持つ原型通りに修復した。映画『阿弥陀堂だより』のロケで寺尾聰、樋口可南子夫妻の住居になった。

ＪＲ飯山線に架かる橋の向こうに、独り住む八十五歳の婦人をそれとなく見守る高橋夫妻。時おり民宿から届くご馳走に老婦人は感謝の返歌を和紙に記し、信濃百年のあがりかまちに季節の花を添えて置いていく。

　脱サラや　都忘れの　花の里
　やさしさの　味に煮えてる　煮大根

飯山線の一時間に一本一両、時には二両編成の電車が、信濃百年と隣り合う掘り込み式の路床を走りぬける。田んぼと森の絶景を縫う電車に宿の客が手を振る。電車は時に汽笛を鳴らして挨拶を返す。

客が訪れない開業の初期、照岡の集落の人々は、いろいろな口実を作って信濃百年に集い、支えた。汽笛は信濃百年を囲む営みを讃えるかのように、人々の心をつなぎ、揺さぶり続ける。

風と水を映す信州の原風景――上田

繭倉は語る

長野県人はことあるごとに、時にはまわりからひやかされながら、県歌「信濃の国」（浅井洌作詞、明治三十二年）を歌いたがる。

上田市の風景も登場する。「蚕飼《こがい》の業《わざ》の打ちひらけ　細きよすがも軽からぬ　国の命を繋ぐなり」。駅正面出入り口の内壁に趣のある「蚕神像」（繭の女神）が架かっている。

駅前の蚕影《こえい》町通り、繭倉《まゆぐら》から、真田丸の六文銭旗がはためく上田城、さらに歩を進め千曲川・岩鼻を経て、塩田平へ。到るところで信濃路の原風景との出会いが待っている。

上田のシンボル「繭倉《まゆぐら》」は、漆喰白壁の瀟洒な木造五階建て、国指定の重要文化財だ。一九〇五

笠原工業の繭倉

上田紬を支える小岩井良馬さん

（明治三十八）年に建造された繭倉の三代目当主、笠原一洋笠原工業社長が自ら案内の先頭に立つ。

「自然の息づかいをとらえる日本人の知恵と繊細な技が、一枚の床板、窓枠に到るまで刻まれています。年間降雨量九〇〇ミリ、乾燥し、陽光があふれる土地で、環境に敏感な蚕の生理にどのように対したか。蚕棚のしつらえ方から空気と光の流れへの工夫まで、先人たちの自然との共生の思想、いのちへの接し方、感性に共感を深めずにはおれません」。敷地内の常田館製糸場や煙突を含む一五棟が、通産省から近代化産業遺産に認定されている。

上田の養蚕業は今も健在だ。繭倉から旧北国街道をたどり、こちらも近代化産業遺産の上田蚕種（株）へ。毎年三千箱の蚕種を全国七百戸の養蚕農家と研究機関に出荷している。

隣接の上田東高校の前身は、明治二十五年に創設された小県蚕業学校。校門脇に土井晩翠作詩の校歌碑が。「国の富増し　世を利する　わが蚕業の貴きを　あけくれ常に胸にして　青春の子ら励み合う」。

丈夫で着やすく、落ち着いた色柄が特色の上田紬織もしっかりと伝えられ、市内の四工房で着物、洋服地から帽子、マフラーなどを製造、販売している。小岩井紬工房の小岩井良馬さんは、江戸時代からの養蚕農家を経て手織り業三代目。「東日本大震災の衝撃で世間の風向きが本物志向に変わりました。原点にたちかえり、上田の蚕産業を立て直したい」。

強風繭を救う

桑の葉に幼虫を寄生させるウジバエが発生、世界各地の養蚕業が衰退していった当時、上田では一四五軒もの養蚕農家が展開していた。街の北郊、千曲川に突出する巨大な断崖「岩鼻」がこの危機を防いだ。下流から吹き寄せる強風が、岩鼻によって向きを変え、桑畑に吹き込んで虫を吹き払っていたのだ。

「道と川の駅おとぎの里」公園から、自然界のこの壮大な営みを間近にすることができる。

岩鼻に隣り合う塩田平は名湯別所温泉、国宝の八角三重塔や厄除け観音で知られる安楽寺、北向き観音堂などを擁する仏教文化の先駆地だ。加えて、秘められた文化財、稲と水の苦闘の歴史を伝える「塩田平ため池群」を訪ねたい。

心惹かれる塩田平、ため池群

一〇アール七二〇キロの収穫量は稲作日本一の水準だ。「乾燥地に先人が築いた溜め池あればこそです。一四〇の登録池を含め、三百池ぐらいが今も利用されています。どの溜め池にも神が住み、住民総出で毎年九月に雨乞い祈願の火祭りが奉納されます」(七〇ヘクタールを耕作する小林好雄さん)。

森や祠、古い民家に囲まれた溜め池は、一〇メートルほどの落差で田んぼに連なる。五〇メートルプール大から湖クラスまで、ゆったりと貯えられた水面に心がなごむ。

「最近コウノトリが溜め池に飛来するようになりました。生餌の宝庫ですから。おそらく兵庫県の姉妹都市・豊岡町からやってきたのでしょう」。溜め池を管理する田中栄二さんは力を込めて溜め池の生物多様性を語る。コウノトリは上田城のヒーロー、武将真田幸村にちなみ「ゆきちゃん」と呼ばれている。「溜め池が連なる野の花々の道へ、どうぞ」。環境省登録環境カウンセラー川上美保子さんのおすすめだ。

地形と気候に人間がはたらきかけ、風景のおおもとが築かれる。風景の仕上げが文化。場所（トポス）と住民精神のかかわりの表現だ。「信州の学海」とたたえられた塩田平、国宝八角三重塔を擁する安楽寺の若林泰英住職に塩田平・上田人気質をたずねた。「これだ、と皆が結束する時、この土地の人々の力は凄い。死ねばもろとも。日照りに追いつめられると寺の地蔵さんを川に投げ込み、竜神様の池をわざと汚して神仏を怒らせ『天罰の豪雨』到来を願います。お隣は百姓一揆が日本一多発した青木村ですから」。若林住職は途上国支援の先陣を切って、タイのバンコク貧民街などで活動してきた曹洞宗のシャンティ国際ボランティア会の会長をつとめている。上田鉄道沿線の田には「途上国援助田」の旗が翻っている。

風と水と人が作りあげた陰影深い環境の風景を、のびやかな上田盆地のどこからでも、一望に収めることができる。

〈コラム〉猿飛佐助はアウトサイダー

ＪＲ上田駅前広場。真田家の家紋六文銭の旗が風に鳴り、甲冑に身を固めた騎馬武者、真田幸村（信繁）が突進する。大坂夏の陣で幸村が討死して四〇二年、ＮＨＫテレビ大河ドラマ『真田丸』が放映された。真田氏の居城上田城は関ヶ原に向かう徳川秀忠の大軍を再度阻止した名城である。

郷土史の研究家で上田養蚕業の創始者一族の子孫、益子輝之さんは「真田丸」現象について語る。「忍者猿飛佐助で少年の血を騒がせた立川文庫が原点です。アウトサイダーの物語ですね。忍者にしても、下克上の三好青海入道にしても、アウトサイダー。立川文庫が評判になったのは日本で中央集権が極度に進んだ時期です。ものごとがどんどん画一化され、中央集権化されていく世相への反発みたいなものが、どこかに流れていたのではないでしょうか。上田には昔からアウトサイダー気質がある。独立自尊、権威に支配されるのを嫌がる。真田幸村とは滅びの美学です」。戦国時代、地勢上武将たちが覇権めざして行き交ったこの土地で、郷土愛に支えられ民衆の自治意識が培われた、というのである。

「わが社の蚕糸工場用地も益子さんのご先祖が当初から無償で提供してくれました。ご本人はお茶、お花、踊りを東京で修め、勘亭流の書家、出世欲なしの市役所観光課元職員。城主松平家に由来するといわれる風流上田人の典型です」（笠原一洋・笠原工業会長）。

益子さんのひょうひょうとした生き方に、反骨

郷土史研究家の益子輝之さん

の風流上田人の面影をみている。

益子さんは地芝居「上田真田歌舞伎」の型を指導し、自ら出演し、名女形故市川鏡十郎仕込の型を伝える。「地芝居の伝統を絶やしたくない。地方が中央に太刀打ちできる唯一のものが風情ですから」。

縄文秋田の懐へ――乳頭温泉

地から湧く湯、地に根ざす食

遠い昔の冬の夕暮れ、縄文時代の人々もまた田沢湖畔の、この風景の中にいたのかもしれない。駒ヶ岳（一六三七メートル）に架かる月を仰ぎみて、彼らは湖（最大深度四二三メートル）と森と山の奥に神々の気配を感じとっていたのではないだろうか。

自然の神々は突然、無慈悲に人々を襲う。だが、普段は人々の営みに限りない恵みをもたらす。例えば駒ヶ岳の北に頂をのぞかせている乳頭山（一四七八メートル）の山麓には、秘湯中の秘湯、温泉ファンあこがれの乳頭温泉郷が湯煙に見え隠れしている。チシマザサが茂る山の急な斜面から、岩の隙間から湯が豊かに湧く。乳白色の、香り高い湯にザブリとつかるとき、私たちは「あァ〜気持ちが良い」とか「生き返る」「極楽、極楽」などとつぶやいてしまう。全身で大自然と一体となり、自然の奥の神々からの大きな恵みに命の蘇りを感じとっているからであろう。

仙北市田沢湖の郷土史家、歌人の大山文穂さんは、乳頭温泉・鶴の湯の風景を詠う。

暗き廊下に小さき土鍋音たてて湯治の媼朝の飯炊く
渓川の瀬音枕に五日寝て心清くなりたるごとし

このあたりの食材もまた大地に根ざしてたくましい。もともとは駒ヶ岳の森に自生している自然芋をすりおろして作った団子を鶏肉、根曲がりタケノコ、ゼンマイ、マイタケなど山野草とともに鶏ガラのスープと醤油味で煮込んだ「山の芋鍋」がその代表格だ。「ヤマイモは腰が強くすり下ろしたままで団子になり、甘い濃厚な味が出ます。熊肉はミソ鍋にするけど、そんなに美味しいもんじゃないです。うさぎ、山鳩の方がよほどうまい」(レシピを考案した田沢湖・包和会の斉藤忠一会長)。

春はワラビ、ゼンマイ、コゴミ、シドケ、ミズ。秋はマイタケ、ムキタケ、マツタケ、ハツタケ、天然シイタケ、サワボタン。猟師がいるので家庭ではよくクマ鍋を。感心するほどうまくはない。クルミ、トチの実は餅に入れていつでも。「営林署なんかにいた人が、山専門の人になっていて、山菜、キノコ、木の実、クマ、頼めばどんなものでも山のものをちゃんと採って来てくれます。土地の人は昔から山へ入って山のものを食べてきました。今もそれが受け継がれています」。斉藤さ

乳頭温泉、秘湯「鶴の湯温泉」

田沢湖・包和会の斉藤忠一会長

んは縄文時代さながらの、野山での採取暮らしが今も営まれていると言う。

毎月十二日は「ヤマノカミの祭り」が。猟師、営林署員、採石人、工務店の人々が集い、神のお払いをうけ、「直会《なおらい》」を催し神と酒食を共にする。

年に四回、桜咲く角館

田沢湖、乳頭温泉郷は、東北文化の華・角館《かくのだて》城下町にほど近い。一六〇二年佐竹氏の領地とされた角館は、ゆったりした防火土塁により武家地、町人地、寺社に区分された藩政時代の地割りを、変えることなく現代に伝えている。

黒塀を高く巡らせた質実剛健な構えの武家屋敷(国の重要伝統的建造物群保全地区)が連なる。どの屋敷も庭内に樅と柏の巨木とシダレサクラ(国の天然記念物)を配している。「角館のサクラは年に四回咲きます。春、若葉、紅葉、それに今どきの雪桜です。冷えこむ朝、桜の枝に積もった雪がキラキラおひさまにきらめくのです」（歴史案内人・畠山聖子さん）。

下級武士の手内職に始まる角館の樺《かば》細工は、雪の湿気を帯びた山桜（地元では樺と呼ぶ）の樹皮の伸びが良い冬が製作の盛りだ。

茶筒、ペンダント、カフスボタンなど「魂を込めて、どの作品にも伝統の心が乗り移るように願って作ります」（現代の名工・藤村志登磨さん）。ひっそりとした工房で、熱したコテとニカワを用い、型どりしたサワグルミの経木に山桜の樹皮を貼り付けていく。

木材の伐採や加工に携わる角館、田沢湖の人たちは、毎月十二日を「ヤマノカミの日」と定め、とりわけ十二月十一日には餅をついて配り、神社、お寺で厄払いを受ける。神人共食の直会《なおらい》は盛大な酒盛りとなる。自然に生かされている感謝をヤマノカミに捧げる。ただし山の神は荒々しく、この日は猛吹雪になるという。

秋田の風土が育てる味と人

数々の銘酒を培ってきた秋田の酒文化は、麴と発酵の秘伝技術によって味噌、醬油の醸造産業も育てた。「冬を経ないと醬油も味噌も、きりっとした味に仕上がりません」。安藤味噌醬油醸造元の安藤恭子大女将は秋田の冬を天の恵みと讃える。十一月から桜が咲く五月始めまで、角館の町人文化を代表する蔵屋敷で味噌、醬油の仕込みが続く。大豆も、米も原料はすべて秋田産。少量生産にこだわり、直売と通販にとどめている。それが風土産業の生き方ではないか、と安藤さんは考えている。

九月七、八、九日と町内挙げて秋祭りに熱中する。男女、親子総がかりで町内ごとにヤマ（神輿）を引き、ぶっつけ合って勢いを競い合う。〝喧嘩ヤマ〟なので時にはかつぎ手が命を落とす。

「郷土愛が強いのです。ヤマを引くため私の息子は町に戻り、家業を継ぎました。今二十七歳の孫もやがてそうするはずです」。自らもきかん気のヤマ戦士だったという安藤さん。本物の秋田美人を見るなら角館のヤマ祭りへ、とすすめる。

「娘さん、お母さん、どの家からもすごい美人たちが、キリっとした祭りの装いを凝らして集まってきますから」。

発酵熱のため半裸になって作業をするので、女人禁制とされた東京農大醸造学科卒の女性第一号。安藤さんが「取締役・大女将」を名乗るゆえんである。文武の物語を秘め、角館の冬は深まっていく。

作家たちの原風景——湯ケ島

しろばんばの追憶

伊豆は温泉に浮かぶ半島である。山奥から海際まで富士火山帯から湯が噴き出し、大温泉郷を形作っている。作家井上靖や川端康成を育て、名作の舞台となった静岡県伊豆市の湯ケ島に、作家たちが愛した天城の風景を訪ねた。

湯ヶ島温泉の年末、狩野川《かのがわ》に面した旅館「白壁荘」の植え込みに、米粒ほどの白い綿毛のようなものが漂っていた。「雪虫です。きんもくせいの木を好むようで」。主の宇田治良さんの短い言葉の間に、虫は消えていた。十月から十一月に多く現れる。

作家井上靖は軍医の父母と離れ、祖母と二人少年時代を湯ケ島で過ごした。自伝的小説は「しろばんば」と題された。

——夕方になると、きまって村の子どもたちは口々に〝しろばんば、しろばんば〟と叫びながら、家の前の街道をあっちに走ったり、こっちに走ったりしながら、夕闇のたちこめ始めた空間を綿屑でも舞っているように浮游《ふゆう》している白い小さい生きものを追いかけて遊んだ。（中略）しろばんばというのは〝白い老婆〟ということなのであろう。（『しろばんば』前篇）

しろばんばが浮遊している夕闇の中で、一番遅くまで一人遊んでいた洪作少年（井上自身がモデル）。

「ああ、故郷の山河よ、ちちははの国の雲よ、風よ、陽よ」（「ふるさと」）。熱烈なふる里讃歌に、悲しみの影が宿る。

「多忙な井上でしたが、しばしば湯ケ島を訪ね、少年時代の友達と酒を酌み交わし、しろばんばの同窓会を楽しんでいました」（井上靖の親類で親交があった宇田さん）。

「魂魄飛びて、ここ美しき故里へ帰る」。井上宅跡に建つ詩碑に、望郷の思いが刻まれている。

「湯道」をたどる

狩野川・西平橋から激流を眼下に、「湯道《ゆみち》」と呼ばれる林間の小路が、大滝の湯（共同湯）へ向かう。里人たちが渓谷の共同浴湯へ通う路である。

洪作少年も渓谷に湧き出している西平の湯へ毎日のように通った。

湯ヶ島温泉の全景

しろばんば（雪虫）。11 月湯ヶ島温泉で

東伊豆町文化協会会長の岡田善十郎さんによると田山花袋、北原白秋、若山牧水、宇野千代、尾崎士郎、川端康成、三好達治、林芙美子、井上靖、木下順二らが折々に湯道をたどった。猫越《ねっこ》河畔の椎の巨木の闇の空間を、一段と暗い「巨大な闇」と表現した梶井基次郎の「闇の絵巻」「筧の話」、湯道の風景を描いた田山花袋の「北伊豆紀行文」などの作品が「湯道」から直接生まれた。

狩野川から取水した用水が湯道と並行して勢いよく流れている。「農業、消防、生活用水に今も使われています。あれが落合楼本館です」。岡田善十郎さんが指す河畔に、作家たちのサロンだった旅館落合楼が、玄関へ到る吊り橋ともども、どっしり構えている。かっての湯道の風景は今も保たれている。

作家川端康成はしばしば落合楼を訪ね、出入りする人々を眺めて淋しさをまぎらわせていたという。

——私は落合楼の庭を通り抜けて見たり、前の釣橋から二階を仰いでみたりして、秋や冬だと、私の宿ではまあ見られない都会の若い女、女に限らず男でも、廊下を歩いたり庭にたたずんだりしているのが見えると、心安らいで自分の宿に帰るのである。

（川端康成「湯ヶ島での思ひ出」）

川端を支えた温泉

川端は並外れた温泉好きだった。

「私は温泉の匂いが好きだ。以前は乗り物を捨て坂を下って宿に近づき湯の匂いを感じると涙がこぼれそうになり、宿の着物に替えると袖に鼻をつけてこの匂いを吸いこんだものだ。ここばかりでなく、いろんな温泉町のいろいろにちがった湯の匂いよ」（『伊豆の旅』、「温泉通信」）。

川端は豊かな医家に生まれたが、父母、祖父母とあいついで死別し、十五歳で孤児に。沈みがちだった心と生来の病弱さをかかえ、第一高等学校生だった川端は大正七年、初めて伊豆を旅し、魅了される。その後約一〇年間、女将安藤かねさんの支えを得て湯ヶ島温泉「湯本館」に毎年逗留し、「伊豆の踊子」（昭和二年）を世に出した。伊豆への初旅で旅芸人の一行と湯本館へ同宿、下田街道をともにたどった体験からみずみずしい作品が生まれた。

作家たちは天城山中のさり気ない自然と人のたたずまいを、時には川の瀬音や野鳥のさえずりさえ伴って細密画風に描いた。

伊豆を訪れ同じ目線で接する彼らの原風景に、読者である私たちも等しく共感を覚えることだろう。

女性的な温かさこそ

伊豆の風景を愛し、伊豆に暮らした川端康成は「伊豆は海山のあらゆる風景の画廊である」と讃えた。例えば海岸線の岩壁、植物の逞しい茂みに川端は「男らしい力」を見る。対照的に「いたる所に湧き出る温泉は、女の乳の温かい豊かさを思わせる。そして女性的な温かさが、伊豆の命であろう」と記している（『伊豆の旅』）。

さり気ない人と自然の佇まいの懐かしい風景が、伊豆ファンをとらえて離さない。例えばJR伊東線の沿線などもその現場だ。伊豆多賀、網代、宇佐美の高台から街並み越しに垣間見える海の紺色の深さ、小さく清らかな砂浜、アジ、サバの干物の香り、人影ない漁港にたゆとう小舟、懸命な釣り人たち。海を見守る恵比寿様、竜宮様の祠へ、海岸から山際にいたる路がなおしっかりと保たれ、季節ごとのお祭りも奉納されている。網代港に揚がる魚はお隣の伊豆多賀へ、見返りに野菜が伊豆多賀から網代の人々に届く。変わらぬ風景を支え、網代、宇佐美の湯は女性の乳の温かさを思わせて湧き続ける。

〈コラム〉温泉人の心意気

一月二十四日は井上靖の「あすなろ忌」。地元の人々が加わる「しろばんば劇団」が二〇年間、『しろばんば』の名場面を上演し続けている。一日から四日は伊豆文学まつり。『しろばんば』の「洪作少年が歩いた道」の文学散歩を試みる。旅館白壁荘の主、宇田治良さんらの世話によるものだ。

純白の漆喰に黒格子のなまこ壁が映える閑静な白壁荘に、井上靖はしばしば滞在し作品の構想を練った。

宇田さんの祖母喜代さんは、近くの老舗旅館湯本館で川端康成の面倒を見た名物女将安藤かねさんの妹である。

宇田さんと井上靖は親類で、東京在住の井上と地元とのつなぎ役を宇田さんがつとめた。白壁荘の一室「せんせいの間」に滞在した有名、無名の作家、学者、評論家たちが合わせて約三百冊もの本を書いた。お金がままならない人々に、いわば出世払いを認めた初代経営者宇田博司の配慮による。

昭和二十八年、湯ケ島の街道筋で土産物屋を営んでいた博司が、逗留中の学者に「どうしたらお金が儲かるか」問うた。「私は金儲けのために経済学を学んでいるのではない」。経世済民を説く学者の気概に応え、博司は一室を志ある人が原稿を書く部屋に充て、「砂利部屋」と名付けた。「せんせいの間」の前身である。

治良、倭玖子夫妻は「湯道」をたどった文人たちの足跡を、作品にちなんだ色彩で記す地図づく

旅館・白壁荘「せんせいの間」で宇田治良、倭玖子夫妻

りを考案中だ。「たとえば『檸檬』の作家梶井基次郎は黄色い線で」。

「湯道」——美しい響きをもつ温泉への道は、井上靖の「白」の一筋を中心に、虹色に彩られるはずだ。

女神舞う、花の大滝——三春

祈り捧げる人々

空と大地を敢然と紅に染め、樹齢千年日本一巨大な紅枝垂れ桜（ベニシダレザクラ）、福島県三春町の「三春滝桜」が花期を迎えた。

天空に架かる花の大滝、とてつもない花の奔流である。枝垂れる枝に三輪ずつ星形に密集、華麗の極みだ。「世の中に絶えて桜のなかりせば、春の心はのどけからまし、です」。木造二階建ての古びた町役場に、開花予想をたずねる電話が引きもきらない。そして、四月中旬の一週間余に、およそ三〇万人が滝桜を訪れる。滝桜への早朝散歩を欠かさない鈴木義孝町長だが、この季節、仕事が手につかず、業平の歌に桜守の心を託したくなるという。

「サ」は稲など穀物の霊、「クラ」は神の座を意味する。「サクラ」とは農の神が宿る所なのだ。「幹に接して一の祠神明宮あり。祠の傍には更に小さなる祠あり」（大正十一年天然記念物指定時の調査報告）。この形は今も変わらない。岩手県のオシラサマと同じ棒状の人形信仰（神明様）がこの土地にも伝わり、毎年四月二十日ごろに滝桜の下で神明宮祭が催される。

「集落の氏神が自然神への信仰と習合して、神社のような形に変化してきたのではないでしょうか」（三春町歴史民俗資料館・平田禎文副館長）。訪れる人々は陰影深い滝桜のたたずまいに神の気配を感じ、祈りを捧げると述べている。

不定根が支える千年の命

東北新幹線郡山駅の東、阿武隈川を距てた山里、福島県三春町大字滝字桜久保が滝桜の生地である。南に開けた丘の斜面から存分に太陽を浴び、北側には安達太良山（一七一八メートル）をのぞむ風避けの丘をめぐらせた万全の地形だ。

ソメイヨシノなど栽培された桜と異なり、ベニシダレザクラは長命で知られるヒガンザクラが突然変異した野生系の種である。

人気のソメイヨシノは百年そこそこの樹命だが、ベニシダレザクラ・滝桜は、樹齢およそ千年と推定されている。信じ難い生命力のナゾが幹の根元の、人ひとり入れるほどの空洞《うろ》に潜んでいる。

三春滝桜

畑の桜を守る渡辺さん夫妻

空洞化した主幹の内壁に沿って、家の柱ほどの太さの「不定根」が幾本ももつれ合って上方から地面に届き、がっしりと根を降ろし千年の巨木に新しい生命を与え、花の奔流を支えている。そと目には丸太の支え木なしには立っておれない老木と見せかけて、内側では幾本ものからみ合った不定根から養分を吸収し、いつ果てるともない豪勢な花の宴を演じているのだ。

不定根は本来、根ではない。老木の幹の内側の細胞が、成長促進物質の力で分裂能力を回復し形成される、いわば根以外の器官からつくられる〝根〟である。植物の不定根発生能力を生かしたのが「挿木」だ。

滝桜は組織の一部を不定根に変化させ、平安時代から千年を超え、自らその生命を新たに支え続けているのだ。

滝桜は大正十一年、国の天然記念物に指定された。推定樹齢千年、樹高一三・五メートル、根回り一一・三メートル、地上高一・二メートルで幹回り八・一メートル。枝は東に一一メートル、西へ一四メートル、南に一四・五メートル、北に五・五メートル張り出している。積雪と葉桜、雨の重さに備え、三〇本ほどの支柱が枝を支えている。

四月中旬から下旬が花見時。町が高台にカメラをセットし、つぼみの膨らみ具合を刻々送信、ネットで観察できる。地元の「滝桜を守る会」が、四方に伸びた根の傍らを一メートルほど掘り下げ、毎年百俵近い堆肥を施している。

地下の配管からは、根元に空気が送り込まれ、酸素が供給されている。

寄せ切り許さぬ心意気

　四月の三春は一万本もの桜に埋まる。うち二千本が滝桜系のベニシダレザクラだ。枝垂れの枝は横に伸び、毎年新しい枝が張りだしてくる。山あいの棚田、段々畑で、桜はしばしば農作業を妨げ、日陰をつくり、減収を招く。

　そこで樹形を主幹から南側五間、左側一〇間（一間は約一・八メートル）までに抑える「寄せ切り」が、この土地の農家のルールとされてきた。

　三春町七草木舘下の農業、渡辺茂徳さんの畑には、隣り合う神社の境内の桜から枝が伸び、日陰を作る。しかし渡辺さんは「寄せ切り」をしないよう神社に求めてきた。

「桜は神様だから傷めないようにな」。そういう渡辺さんへ、仲間たちは枝を伸ばし放題の寺の桜が渡辺さんの畑の肥料を吸収するからと、その肥料代一五〇〇円を寄付し続けている。「養蚕が盛んだったころのマルクワという肥料一俵分の値段なんだ。もうやめなと言ってるんだけど」。

　妻のあささんも滝桜の子孫のタネを一昨年は一五〇粒、昨年は三百粒播いた。しかし遺伝子の関係でベニシダレザクラに育ったのは二本だけだった。「桜が咲くころには、いろんな人がここを訪ねて来てくれて、会うと私も元気になるんだよ」。梅の氷砂糖漬け、こんにゃく、ギンナン、あささんはすべて自家製の手料理を用意して花見の客に備える。

ベニシダレザクラ、世界へ

「三春さくらの会」前会長村田春治さんは経営する植物園に三〇年かけて、滝桜直系のベニシダレザクラ八本を育てる一方、桜の苗木を生産し、国内外へ送り続けている。東西ベルリンの壁の跡に、ロンドンの王立植物園へ、中央アジア・ウズベキスタンの首都タシケントの抑留日本兵の墓地、そして東日本大震災の被災地を訪れたブータンのワンチュク国王夫妻の宮殿の地へ、その美しさに魅せられた人々に乞われ、三春の滝桜は遥かな旅に出て、人々の心に感動の花の滝を架け継いでいる。

ベニシダレのこの見事さ　美しさ　背景はあやめの空と　羊雲

草野心平の詩碑「瀧桜」が安達太良山を望む滝桜の背後を固めている。

〈コラム〉直観文化の粋

三春の寺町不動山の山麓、臨済宗妙心寺派福《ふく》聚寺《しゅうじ》に作家、玄侑宗久さんを訪ねた。

桜と日本人の心について聞いた。福聚寺は三春城主田村大膳大夫の菩提寺として知られている。玄侑さんは生家でもある福聚寺の第三十五世住職である。二〇一一年、政府の東日本大震災復興構想会議の委員をつとめた。

——永正元年（一五〇四年）豪族の田村氏が三春城を築き、街づくりにとりかかって以来、藩主は滝桜を「御用木」と定め、枝の回り三畝（約三〇〇平方メートル、米の収穫量にして三斗二升五合に相当）の地租を免じたとのことです。桜を大切にするよう求め、最初の花が開いたら、早馬で知らせるように命じたと伝えられています。

以後歴代の城主は神社、仏閣と藩政の拠点四八か所の館とを結び、同心円状に桜を植えたようです。ベニシダレザクラによる街づくりという壮大、華麗な計画です。

福聚寺の境内にも滝桜の子孫とみられる五本のベニシダレザクラがあります。桜の数はいま三春が日本一です。およそ一万本。そのうち二千本がベニシダレザクラ。「種蒔き桜」というのもあります。そのサクラが咲くころ畑に作物のタネ、苗を植えます。講に加わっている人たちがこの木と決めて、何本かの桜の開花日をカレンダー上で賭けて競う、秘め

福聚寺住職・玄侑宗久さん

たる楽しみもあります。

動物＝人間はより好ましい環境を求めて動き回ります。しかし植物＝桜はこの地に生きる、この地の環境に自分を適応させて生きています。

滝桜にしても鬱蒼とした夏の葉桜と葉を落とした冬とでは全く違う生き方をしているのです。人間は自分の体の外側に別の世代を生み出し、命を継承していきます。滝桜は体内に幾世代にもわたりファミリーを形づくる機能（不定根）を宿しています。数百年を経た老木に咲く花と、若木が初めて咲かせたみどり子のような花びらを顕微鏡でのぞいても、まったく区別がつかないそうです。

若い衆に花を持たせて支えているお年寄りみたいな関係がみられます。

西行も宣長も世阿弥も桜のたたずまいに託して、自らを桜と同化することによって、ものごとの本質を深く感知する直観「もののあわれ」を表現し、私たちもそこに感動を共有することができます。桜と私たちは日本の直観の文化を継承しているのです。

〈コラム〉 駒跳ねる、デコ屋敷

三春、郡山では江戸時代が起源の「デコ屋敷」と呼ばれる民芸品の工房・売店が四軒営まれている。デコとは木彫りの人形木偶《でく》のことだ。

名物の三春駒、張子人形と並んでダルマ、三春太鼓、ひょっとこの祝い踊り面など縁起物で賑わっている。

橋本高宜さんはデコ屋敷「彦治民芸」の十代目。築四百年の堂々たる茅葺屋根の工房で三春駒づくりの手を休めない。直線と面を組み合わせた単純明快な馬体と洗練された彩色への評価は高い。

「民芸品への世間の関心が高かったのは昭和五十年代まででした。会津や温泉場に持っていくといくらでも売れました。客の世代が交代し、携帯電話が普及するにつれ、民芸品の人気は下火になり、デコ屋敷に撤退というわけです」。橋本さんは「庭先いっぱい赤いダルマを並べていた」当時を懐かしむ。三春駒の由来は坂上田村麻呂東征の伝説による。

ホオノキに彫り、黒く彩色された三春駒は、江戸時代から子どもの守り神に。

さらば老後の守りに、と橋本さんの父彦治さんは昭和二十七年から白い馬体の三春駒を制作し始めた。「若い人に伝統工芸のよさを知ってもらえたら」。デコ屋敷に陣取り、自らの作品に囲まれ、橋本さんは三春駒づくりに打ち込んでいる。

〈コラム〉 張子人形に想いを

使い古した一枚板の工作台の向こうに、チョウナの削り跡が躍り、年を経て黒光りするヒノキの柱が。荒壁にがっしりと筋違《すじかい》が交差する。雪の重さにも地震にもしっかり耐えるつくりだ。

雪見障子越しに年を経た一本の桜が。

「滝桜の孫です。百歳、この家と同じくらいかな」。張子人形への絵筆を休めることなく小沢宙さんは語る。

祖父太郎、父小太郎さんを継ぐ三春人形三代目の作家。京都の仏師について二年間仏像の型彫りを学び、帰郷。「小沢民芸」は伝統の三春張子人形の中で、江戸時代の末期に最盛期を迎えた人型《ひとがた》人形を製作している。「江戸、元禄時代豪商に育まれ、庶民に継がれた、無限の遊び心の表現と伝えられています」。

木型を彫り、和紙を膠で重ね合わせ、貝殻が原料の白色顔料、胡粉で素地を整え、絵の具で彩色していく。買い手は民芸品の愛好家、人形収集家、客の注文を受けての創作品も。「もっと腕が上がってきたら、桜をモチーフにした作品を、と考えています」。

父小太郎さんが製作した人形の表情が、娘の宙さんに似ているともっぱらの評判だ。

「子どものころから父の人形づくりを見てきました。三春の自然のなかで、こういう暮らし方もいいだろうと感じています」。

父と祖父の傑作人形が、工房の宙さんを見守っている。

補　東日本大震災の現場から

海に向かう僧侶たち
（毎日新聞社提供）

『毎日新聞』に「新日本の風景」を連載中の二〇一一年三月十一日、東日本大震災が発生し、死者一万五八五四人、行方不明三〇八九人（二〇一二年三月二十八日時点）を数えた。東京電力福島原子力発電所の炉が連動して炉心熔解の大事故がおきた。放射能汚染のため三四万一四一一人（二〇一二年一月、政府発表）が居住所から脱出、退避を強いられた。文明史に刻まれた大事件、環境破壊事件である。事件の衝撃、負荷は二〇二〇年の現在もなお社会に重圧を加え続けている。

『毎日新聞』朝刊に連載中だった「新日本の風景」は、取材現場を急遽東日本大震災の現場と周辺に切り替え、記事の核心を「文化としての環境日本学」の探求に定めた。取材グループのほぼ全員が、二〇〇八年以来「文化としての環境日本学」を探求していた早稲田環境塾の塾生であることがその背景にあった。破断された地域社会で、人々は何を心のよりどころにして、どのような行動に出たのか、を取材の主題とした。

極限の危機に陥って「ゆずれないもの」、自分がなにものであるのか、「アイデンティティ」を被災者と支援者たちは自らに証明することを迫られたからである。

明らかになった第一の事実は、「雨ニモマケズ」の宮沢賢治の人間像への渇望である。神仏への祈りと連動して、祭祀の復活への意思が第二の共通現象となった。

「蘇る宮沢賢治」「宮沢賢治の海」は前者に、「心を映す風景」「塩の神様への畏敬」「3・11と魂の行方」は後者の現場と関連する。いずれも日本（東北）文化に潜在している基層が顕在化した現象ではないだろうか。

地震の破壊エネルギーは地殻変動という科学的事実である。それは人間の側の事情にはかかわらず間断なく進む。人間の生死同様、不可避の自明の理である。自然は自らの論理を科学的に貫徹する。政府の地震調査委員会は、二〇一八年六月、今後三〇年間に震度6弱以上の揺れに見舞われる確率を地域ごとに公表した。東京、横浜、千葉などが確率最高レベルの「二六〜一〇〇パーセント」とみなされた。トラフ型地震と直下型地震がその原因となる。いずれ遠からぬ日に、首都圏内にとどまらず全国域で3・11の混乱が再現されよう。その時社会は、人心はどのような状況におかれるのだろうか。心構え、覚悟が既に必要な時である。先行した3・11現場の風景を記す理由である。

心を映す風景——東北の浄土、中尊寺

鎮魂と非戦

比叡山の基礎を築き、一〇年に及ぶ在唐日記『入唐求法巡礼行記』を著した第三代天台座主慈覚大師円仁（七九四—八六四）による開山（八五〇年）以来、時を刻む杉林の闇を抜けると急に視界が開け東物見台へ。桜、もみじの明るい木立を過ぎ、天台宗東北大本山中尊寺の表参道月見坂は、本坊を経て金色堂へ至る。西行が、芭蕉、賢治、斎藤茂吉らがこの道をたどった。

ユネスコ世界遺産委員会から「普遍的な意義を持つ浄土思想」と評価された、西方極楽浄土の阿弥陀如来座像が、無限の光明をたたえて金色堂内陣（中央壇）に在り、東日本大震災にも微動だにしなかった。

中尊寺金色堂

奥州藤原三代の祖清衡（一〇五六―一一二八）が、前九年後三年の戦乱で殺害された親、妻子、戦乱の犠牲者の霊を敵、味方問わず慰め、「鎮護国家の大伽藍」としての思いを込め造営した（一一二四年）。

中尊寺鐘楼の鐘の音は鎮魂と平和、非戦を祈願して柔らかく深い余韻とともに響く。鐘の撞座が窪むので、ほぼ二百年経つと撞座を移していく。既に一巡したので、現在は鐘を突くのを止めている。世界文化遺産への登録に先立ち、ＩＣＯＭＯＳ（国際記念物・遺跡会議）のジャガス・ウィーラシンハ審査委員が調査に訪れた。

「『鐘声がみちのくの地を動かす毎に、冤霊（故なくして命を奪われた人々の霊）をして浄刹（寺）に導かしめん』（中尊寺供養願文）の思いをこめ、９・11ニューヨークテロ翌年の元旦に、犠牲者の鎮魂と非戦を祈念して鐘をつきました。その音色がＮＨＫを通じてアメリカに伝えられたことを話すと、ジャガス氏は深くうなずきました」（中尊寺仏教文化研究所・佐々木邦世所長）。試みに鐘をついたジャガス氏は、もう一回、もう一回と三回鐘をついた。佐々木所長はその時「世界遺産中尊寺」を確信したという。鎮魂と非戦。中尊寺の祈願を日本と世界は、今痛切に共有している。

不慮の死を弔う

――鐘声が、みちのくの地を動かす毎に、冤霊《えんれい》をして浄刹に導かしめん。

中尊寺供養願文は天治三（一一二六）年三月、中尊寺大伽藍の落慶供養に奉納された。起草したのは藤原敦光、天皇の側近であった。

「鐘楼の大きな鐘の音は千界を限らず、果てし無くどこまでも響き、その鐘の音の功徳はあまねく皆平等で、『官軍夷虜《かんぐんいりょ》』、官軍も辺境の捕虜も区別はない。人は誰でも死ぬ。鳥も獣も魚も、命あるものはみな死は免れない。その魂は他界（あの世）に去り、朽ちた骨だけがこの世の塵となる」。

「争いを止めなさいという、戦争否定、非戦の思想が中尊寺の落慶供養の願文の中に述べられています。前九年後三年の長い長い戦い、それからさらに三年、この地方は蝦夷といわれ、道の奥であるがゆえに大義名分は常に都の側にあった。それにそぐわない、先行きが分からない存在だからという不安材料でもって都から攻められ、抵抗したからといってまた攻められました。この状態からようやく生き延びた清衡が、多くの人々の亡くなった霊を『冤霊《えんれい》』と表現しているのです」（佐々木邦世住職）。

——どのような文字を。

住職　冤罪の「冤」は、兎《うさぎ》なんですね。いわれのない網にかけられたウサギが、ぶるぶる震えている象形文字だそうです。清衡の思いを込めた造語です。

——故なくして命を落とし、落とされた思いを残しながら亡くなった人々の霊ですね。清衡は自身が覇権争いの渦中で家族は皆殺しに遭いました。

住職　多くの人々は自分の意思とは係わりのない場面で、突然網をかけられ命を奪われた。ぱっとかけられたいわれのない網、そういう人の争いの中で命を失った人々を敵味方の区別なく弔う。そこが中尊寺が靖国神社とは違うところです。「官軍夷虜」、官軍も辺境の夷虜にも区別はない。

世に知られていない事実であるが、中尊寺金色堂には藤原三代公の霊と共に、宮沢賢治の霊が合祀されている。昭和三十四年金色堂の傍らで、賢治の詩碑「中尊寺」の除幕式が行われた。その直後、薗実円貫主始め一山の僧侶たちが金色堂に入り、式次第に従い賢治の霊を合祀し、供養した。この時代にあって宮沢賢治とはそのような存在なのだ。

海に祈る

中尊寺からも多くの僧侶たちが東日本大地震の被災地へ向かい犠牲者たちと対面した。

「何ができる、してあげるじゃなくて、一緒に手を合わせることしかないんですよね。手を合わせていると、最初の日の午前中にみなさん『ここに何しに来た』というような顔をしていたんです。でも、午後になって行ったら、そこにいるのは構わないくらいのことなんです。次の日は一緒に、三日目にはもう待っていてくれて、こっちまで拝まれるくらいになって。やっぱり一緒に気持ちを形で表すから、これはもう合掌する以外にないんですよ。それは『南無妙法蓮華経』と言おうと、『南無阿弥陀仏』と言おうと、どちらでもいいんです。とにかく海の方に向かって皆で一緒に拝む」(佐々木住職)。

佐々木邦世住職は、被災地のガレキの合間に、何かを探している人々をしばしば見かけた。

「何か、物を探しているんじゃないと思うんですね。何を探すか、を探しているんじゃないか、と思うんですね」。

形あるものがことごとく粉砕され、消失した巷で、人々は形のない価値、生きる拠りどころを探しあぐねているように思えた。

臨床宗教師の登場

3・11直後の二〇一一年五月七日、仙台市内のキリスト教会の神父と仙台仏教会の僧侶たちが宗派、宗教のワクを超え「心の相談室」発足の集いを東北大学で開いた。

発起人は仙台市民教会の川上直哉牧師である。

川上牧師は朝日新聞のインタビューに、心の相談室の開設に到るいきさつを語っている。

——当初はいわば生者のための支援でしたが、やがて膨大な死者とその遺族のことを考えなくてはならなくなりました。身元不明のまま埋葬される人々、弔いさえできず自責の念に苦しむ家族。ある医師に「今ほど無力だと感じる時はない。これは宗教の領域ではないか」と言われたのです。

「宗教にできることがある」と伝えたい。その一歩として「心の相談室」を支える会が発足し、活動を仙台以外にも広げることが決まりました。日本人と宗教の関係が変わるきっかけになればと思っています。

（『朝日新聞』二〇一一年五月二日朝刊）

「心の相談室」は東北大学宗教学研究室に事務局を設けた。教えを説くのではなく、現場で被災者と対話し、心のケアを試みる宗教者の専門職「臨床宗教師」の養成へと向かった。二〇一二年、東北大に実践宗教の寄付講座が設けられ、修了者たちが現場を目指した。

塩の神様への畏敬——塩竈神社

海の労苦を背負う鹽土老翁神

『古事記』、『日本書紀』に由来する神話が宿る塩竈神社の野口次郎禰宜は、その瞬間、凶暴で鳴る須佐之男命（スサノヲノミコト）の乱暴狼藉を目撃した心境になったと顧みる。直近の塩釜湾から立ち上がった真っ黒い水の壁が人家を蹴飛ばし、田畑を一瞬に消し去った。「丁寧に作ってきた田や畑、ビニールハウスが押し寄せる津波に一瞬に飲み込まれていくさまに、須佐之男命の蛮行を嘆き悲しむ天照大神を思いました」。

塩竈市中心の高台に鎮座する塩竈神社に、東日本大震災直後大勢の氏子が集い、恒例行事に代えて復興祈願が行われた。主神は「おらが塩竈さん」と親しみ呼ばれる塩の神様「鹽土老翁神《しおつちおじのかみ》」である。野口次郎禰宜が語る。

「イメージは白い顎髪をたくわえていて、知恵の深い、物をよく知る、民を守ってくれる老翁です」。暑い盛りの七月四日から六日にかけ、塩竈神社で塩竈の町の名前の由来にもなった鹽作りの祭り「藻塩焼神事」がとり行われる。鹽土老翁神が塩を作ったと伝えられる四つの神釜に一年間溜めておいた海水を、新しい海水と入れ替え、窯に火を焚いて塩をつくる。天変地異が起こるときには、水の色が変わると言い伝えられている。釜社守《かましゃもり》の目視によると、「今度の大震災の前に海水がおかしな色に変わりました」（野口禰宜）。伊達藩の時代は、神釜の水色を見守る記録係がいた。

多くの灯篭が倒れたが「塩竈さん、以前の通りだね。ほっとした、とか気持ちが前に戻れた、とか、そういう言葉を漏らす参拝の方たちに多く接しています。神社の境内で見る風景が、以前と同じであるということが、被災者たちの心の救いになっているように思えます」（野口禰宜）。

塩竈神社の社殿構成は特殊である。鹽土老翁神、武甕槌神《たけみかづちのかみ》、経津主神《ふつぬしのかみ》三柱を祀るが、主神である鹽土老翁神の拝殿は正面ではなく右側に祭られている。

神社の社殿は普通南向きに建てられるが、塩竈神社の拝殿は西向きに、海に背を向けている。野口禰宜はその理由を説明する。「神社の本殿は三つ、拝殿が二つあります。主神である鹽土老翁神の拝殿は、海に背を向けて立っている。地元の人は海から上がった鹽土老翁神が、そのまま海の苦労を背負っていてくれている、という言い方をします。この地方では津波のたびに、鹽の神様が千々

鹽土老翁神を祭る社殿

藻塩焼の神事に供される塩釜

に乱れた世の中を収斂し、鎮めることの繰り返しだったと思います」。

人間が中心ではありえない、知を超えたところに我が身を置く。救いを求める。頼む。祈る。「見えない何か」と対話する。祈りの核心である。

暮らしの知恵――アニミズムとマナイズム

風景論の第一人者で環境庁参事官をつとめた大井道夫氏は、文部省（当時）が主催した「文明問題懇談会」（昭和五十―五一年）での文芸評論家山本健吉の見解を次のように紹介している。

――文学や芸術にあらわれた日本人の自然観の際立った特徴は、古代人が持っていたアニミズムとマナイズムである。アニミズムとは自然の中に霊魂を見ることであり、どちらかと言えば人間と自然の親密感を表すものである。マナイズムとは自然の中に超自然的な威力を感じることであり、それは自然に対する人間の畏怖の念をあらわすものである。古代日本人はこの両者をもっていたが、時代の経過とともにそれを失ってきた。とくに、明治以後、欧米文化が移入されるとそれらは迷信として排斥されるようになった、と山本氏は述べ、次のように指摘している。「しかし、単に迷信として捨ててしまっていいものかどうか、むしろそれは日本人が古来生きるための大変な知恵じゃなかったか、そういう考え方が、人間の生活を快適に暮らせてくれたんじゃないか。そういうプラスの面を考えていいんじゃないか。

（『大井道夫著作集』二〇〇七年）

祭りは地域の尊厳

神社は神を祭るのにふさわしい小高い所や森の奥に建っているので、多くの社は津波を免れた。しかし東日本大震災では一七九の寺院、三〇九の神社が全半壊し、住職二一人、神官八人が死亡、行方不明となった。しかし壊滅した海辺の集落から残存した神社を足場に、尺取虫のように人々の動きが地域に広がっていった。最初にアニミズムとマナイズムをないまぜにした民俗芸能「祭り」が復活の動きをみせた。神輿や山車が修復され鹿踊り、虎舞、神楽が数少ない踊り手によって舞われた。

浜辺の人々の多くが、神への奉献に由来する数々の神事に、地域立ち直りの手がかりを得ようとした。岩手、宮城、福島の三県で神楽、獅子舞など民族芸能が八百件、七夕、火祭りなどの祭祀行事約五百件が伝承されている。その理由はそれらが人々の絆を結び、心のよりどころとなっているからだ。

脚本家内館牧子さんは仕事を休み、東北大学大学院で三年間宗教学を学び、祭りを追って東北の各地を巡った。

――私はかって歩き回った地や、追いかけた祭りを思った。美しい山々や、豊かに広がる田畑を思い、そこで生きる人びとの笑顔や優しさを思った。そして、ハッキリとわかった。

東北にとって、「水」と「緑」と「祭祀」は、尊厳に関わるものなのだと。この三つを無視する復興策を進めたなら、それがいかに利便性に富み、最新の町であろうと、東北ではなくなる。東北の尊厳に関わる部分に触れることは、断固として拒否しなければ、町は死ぬ。巨大な観覧車が夜空をかき回す景観や、万博会場のように整備されつくした町は、東北とは相いれない。私はそう思い復興構想会議でも言い続けた。

驚いたのは、震災からほどなく、東北の人たちは、祭りの復活を目指したことだ。大切な人を亡くした悲しみも癒えず、ガレキも片付かず、放射線の状況に一喜一憂する中でも、祭りを準備する動きが出始めた。それは紛れもなく「尊厳に関わること」だと証明していた。たとえ一基の山車であっても、一人の囃子方であっても、町々で復活した。

震災から三回目の夏、ぜひ東北の祭りを見ていただきたい。大きくよみがえったそれには東北の尊厳に全国の尊厳が重なる。全国の我が地、我が祭りの尊厳が宿っている。

（『朝日新聞』二〇一三年七月十八日「発言」）

地域に潜在し受け継がれてきた日本文化の基層が、大震災によって鮮やかに掘り起こされ、人々の心をつなぎ、共有されているようだ。海の労苦を背負って立ってくれている鹽土老翁神への畏敬は、歴史に鍛え抜かれた日本人の心の原風景像であるといえよう。

蘇る宮沢賢治——花巻

「賢治の家」を訪れた人々

東日本大震災の直後から、岩手県花巻市にある宮沢賢治記念館、県立花巻農業高校の「賢治の家」を訪ねる人がともに増えた。備え付けのノートに記された訪問者の所感から、賢治の詩「雨ニモ負ケズ」が人々の心を奮い立たせ、救援活動に向かわせた様子がうかがえる。賢治の遺志で仏教の経本が埋められた丘の頂にある記念館から、賢治の作品の舞台となった眼下の光景に見入る人々が絶えない。

「賢治の家」の訪問帳に、京都府宇治市から岩手県大槌町に救援に向かった、男性とみられる六十五歳の人物の所感が記されている。

5／22
午後12時半、小学生の時より頭の中に練り込まれた詩、雨ニモマケズ、風ニモマケズ……三月の東北大地震、大津波、自分が初めて東北・岩手に来る機会がこんな大変な時になって、まず脳裡に映ったのが、
雨ニモマケズ……丈夫ナカラダヲモチ、東ニ……
岩手大槌の山の中にテントを張り、三〇日間働かせてもらいました。
そして多くのものをいただきました。人生観そのものも大きく変り、結局は自分とは、他者とはなんだ！　という事を深く考えさせられました。そして岩手を離れるに当たって宮沢賢治さんの仕事部屋、勉強部屋を見せていただき有難く思っています。
……ケッパレ東北、ケッパレ岩手！
（京都・宇治　六十五歳　T・K）

「東に……」の部分は次のように加筆できる。

野原ノ松ノ林ノ蔭ノ　　のはらのまづのはやしのかげの
小サナ萱ブキノ小屋ニヰテ　　ちいせかやぶぎのこやさいで
東ニ病気ノコドモアレバ　　ひがしさぐえわりやろいだら
行ッテ看病シテヤリ　　えってめんどうみでやって

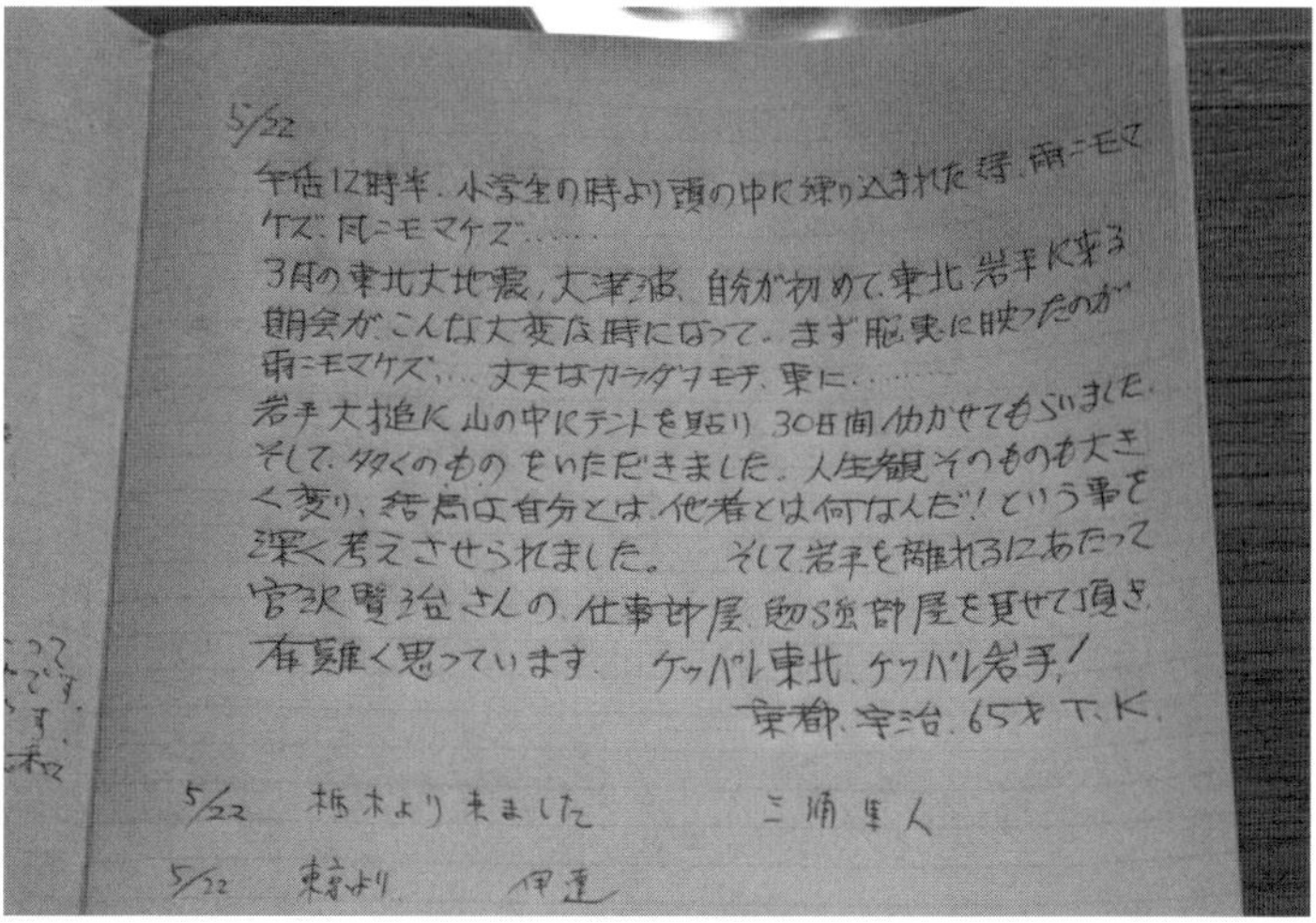

「T・K」さんのノート

県立花巻農業高校

西ニツカレタ母アレバ　　にしさこえぐなたかかがいだら
行ッテソノ稲ノ朿ヲ負ヒ　　えってそのいねのたばしょって

（宮沢賢治記念館・牛崎敏哉学芸員）

デクノボーへのあこがれ

「雨ニモマケズ」の〝サウイフモノ（者）〟（デクノボー）は、災厄の傍らに「行く」ことを切望する。東に病気の子どもあれば、南に死にそうな人あれば……と続く。

東日本大震災と東京電力福島原発メルトダウン事故で壊滅した三陸の海岸域には、およそ一二〇万人がボランティア活動に赴いた。T・K生の原像である。デクノボーとは、多くの日本人が心底に養い伝承してきた生き方の美学ではないだろうか。

宮沢賢治は農芸化学の専門科学者、技術者であった。同時に、父親譲りの信仰心の篤い法華教徒でもあった。科学と宗教が同一人に体現された人格をはぐくみ、「みんなのほんとうのさいわい」を求めてイーハトーブ（理想像としての岩手県）に到る。その願望を込めた詩「雨ニモマケズ」が、この緊急時に人々の心の拠り所となっている社会現象を、私たちはどのように理解したらよいだろうか。

「雨ニモマケズ」にこめられた、賢治の思いを読み解く手がかりとなるのは、キーフレーズ「みんなにデクノボーとよばれる」存在である。

童話「虔十公園林」の主人公、虔十にうかがえる「デクノボー」の原型、モデルを賢治は誰に見出していたのだろうか。重病の床で手帳に記された「雨ニモマケズ」の終句、すなわち「サウイフモノニ　ワタシハナリタイ」に続けて

南無無辺行菩薩
南無上行菩薩
南無多宝如来
南無妙法蓮華経
南無釈迦牟尼仏
南無浄行菩薩
南無安立行菩薩

と記されている。それは「法華経」の文言で、原文の文字の配列どおりに図示すれば、中央に一段高く置かれた法華の本尊の右傍を固める上行、無辺行、左側に侍る浄行、安立行の四菩薩に他ならない。四菩薩は大地から湧き出した無数の菩薩たちのリーダーとして法華経の流布教化を司る菩薩である。

法華経に釈迦の高弟常不軽菩薩が登場する。すべての人々に仏性が宿ると、ことごとく他人に向かい合掌礼拝し、世間の顰蹙をかう。お人よしのいささかノロマな人物とみられたのであろう。し

かし釈迦はその資質を見抜き、高弟に招いた。
デクノボーとは常不軽菩薩に他ならない。

非常時に菩薩を見た東電所長

東京電力福島第一原発事故で、収束作業の陣頭指揮を執った吉田昌郎所長（当時）は、二〇一一年八月二日、福島市で催されたシンポジウムにビデオ出演した。

原発に残った所員が死亡した際、「墓標」の代わりにするためにホワイトボードに所員の名前を列挙して記入した、と当時の秘話を紹介。高い放射線量を顧みず、現場に行く部下について「ヘロヘロで、寝ることもできず、食事も充分ではなく、体力的に限界という中で、現場に行く連中が沢山いた。私が昔から読んでいる法華経の中に登場する、地面から湧いて出る菩薩のイメージを、すさまじい地獄のような状態の中で感じた」と述べている。

私たち自身が今賢治に寄せる思いの淵源に何があるのだろうか。デクノボーを理想の次元においてすら追い払ったかに見える日本の社会が、説明のつかない喪失感、不安感にさいなまれ、見失ったデクノボーに寄せる哀惜を、賢治に托して悼んでいるかのように思える。

宗教と科学へ——井上ひさしの戒め

二〇一四年三月、花巻・遠野への合宿に備え、早稲田環境塾は石井正己東京学芸大教授に、『遠野物語』と『銀河鉄道』からのメッセージ、を課題に講義をしていただいた。

石井教授は、『銀河鉄道の夜』と『遠野物語』の両方を見据えられたただ一人の人は井上ひさしである、彼は柳田國男、宮沢賢治の両方を見ながら、それを評価しながら超えていこうとした唯一の人物であろうと指摘し、次のように述べた。

——一九八〇年に彼は『イーハトーボの劇列車』という戯曲を書きます。これは宮沢賢治を主人公にしたものですが、その中で宮沢賢治を非常に愛読してきた、ただ愛読し賞賛するだけではない、宮沢賢治との格闘というのが出てくるわけです。たとえば前口上でこんなことを言っています。

「これからの人間はこうであるべきだという手本、その見本の一つが宮沢賢治である気がしてなりません。必要以上に賢治を持ち上げるのは避けなければなりませんが、どうしてもそんな気がしてならないのです」。

「科学も宗教も労働も芸能もみんな大切なもの。けれどもそれらをそれぞれが手分けして受け持つのではなんにもならない。一人がこれらの四者を自分という小宇宙の中で競い合わせることが重要だ。賢治全集に勝手気ままに補助線を引いて彼の思い残したことを私なりに受け継ぐなら右のようなことになるのではないかと思います。つまり宮沢賢治を持ちあげるとか賞賛するということだけではなくて、賢治は三十代で亡くなりますから、賢治が思い残したもの、それこそ受け取るべきものだ。この作品の中では、死んでいった人が渡す思い残し切符というのが出てきます。まさにその切符を受け取る必要があるだろうと、そう言うのですね。あらゆる意味で、できるだけ自給自足せよ、それがあって初めて他と共生できるのだよ、そうしないと、科学が、宗教が、労働が、あるいは芸能が独走して、ひどいことになってしまうよ。賢治がそう言っているように思えて仕方ありません」。

宗教が独走してしまうとオウム事件みたいなものが起きるでしょう。科学が神話になって独走してしまえば、原発事故のようなものも起こるでしょう。ある種の共生といったものの難しさを、井上さんは賢治の中から嗅ぎとっているんですね。

語り継ぐ文化としての風景

風景、文化はどのように継承されていくのだろうか。

賢治が教壇に立った県立花巻農業高校の広々とした芝生の構内に、賢治の旧居（羅須地人協会）が移設され、多くの訪問者を迎えている。賢治が作詞した「花巻農学校精神歌」の一節、「ワレラ

ヒカリノ　ミチヲフム」と大書された看板が架かる木造二階建ての校舎から、多くの生徒たちがスケッチブックを手に、賢治の旧居と傍らの賢治立像の写生に向かう。歩む路傍に賢治の詩の一節を刻んだ石碑が。

われらに要するものは
銀河を包む透明な意志
巨きな力と熱である……

卒業生の多くは岩手大学農学部へ進学する。

岩手大学（盛岡市、藤井克己学長）の卒業式が二〇一三年三月二十二日、同市の県民会館で行われた。四学部計一一三五人が学生生活の財産を胸に、自身に与えられる使命を全うすることを誓った。

卒業生、保護者ら約二二〇〇人が出席、藤井学長は各学部代表に学位記を渡し、「本学ゆかりの宮沢賢治は〝祈る〟だけでなく、修めた農学を『みんなの本当の幸い』のために〝実践〟した」と紹介。「学びや活動、経験の全てが人生の糧となり、花開くことを信じる」と激励した。

四月から農水省に勤務する農学部の五日市真里衣さんは卒業生を代表し、「農村振興を仕事に選び、海水にまみれた農地を実りの大地へと蘇生するのも自分の使命。賢治先生の、幸福とは何かといった問いに自分らしく答えていきたい」と述べた（『岩手日報』二〇一三年三月二十三日）。

ちなみに花巻市内の小中高校には、賢治のいしぶみ（碑文）が多く見られる。「虔十公園林」（桜台小学校）、「農民芸術概論」（花巻中学校）、「ポラーノの広場」（花巻北高校）、「農民芸術概論」（花巻農業高校）、「花巻農学校精神歌」（花巻農業高校）。岩手県内では岩手医大、雫石高校、黒沢尻高校に賢治の詩文を記した石碑がある。

内陸の民話の里遠野の県立遠野高校の庭に卒業生たちが建てた石碑がある。

世界に対する大いなる希望をまず起こせ
強く正しく生活せよ
苦難を避けず直進せよ　　（宮沢賢治『農民芸術論』より）

文化としての風景が鮮やかに伝えられている光景である。

宮沢賢治の海――石巻

形あるものが消えた時、言葉とは

東日本大震災と東京電力原発のシビア事故は、人類史上空前の環境破壊事件である。地震、津波、放射能によって被災地の「自然環境」と「人間環境」は壊滅した。

形あるものはことごとく破壊され、無形の「文化環境」が人々の心に残った。私は、私たちは何者であるのか、どこから来て、どこへ行こうとしているのか。己れのアイデンティティを確かめることが、被災地にとどまらず心ある日本人に問われている。

被災地では軒下の段ボールの端に、瓦礫の壁に、消えた町を見下ろす寺社の境内の到る所に、宮沢賢治の「雨ニモマケズ」の詩がなぐり書きされていた。とりわけ、津波に直撃されて解体作業の受け入れを意思表示した人家の壁に、時には張り紙にしてこの詩の一部が記されていた。人々は瓦礫の街、故郷を去る間際に、賢治の「雨ニモマケズ」を思い浮かべたのである。

被災地に狼火のように明滅する「雨ニモマケズ」の詩の断片の背後にある被災者たちの心情が、谷川俊太郎の詩「言葉」に活写されているように思える。

何もかも失って
言葉まで失ったが
言葉は壊れなかった
流されなかった
ひとりひとりの心の底で
言葉は発芽する
瓦礫の下の大地から
昔ながらの訛り
走り書きの文字
途切れがちな意味
言い古された言葉が
苦しみゆえに蘇る

毛越寺の大泉が池

大津波が遡上した北上川（石巻市日和山から）

哀しみゆえに深まる
新たな意味へと
沈黙に裏打ちされて

それによって暮らしてきた形あるものが消し飛ばされたとき、人は生きるよすがとして無形の存在を思うものなのか、あるいは否か。3・11が私たちに発した不可避の問いのように思える。原子炉のメルトダウンとあわせ、二大事故の連動が日本にとって文明史的な事件であり、社会規範の変化を伴う出来事とみられている背景である。

しかし、東日本大震災から九年を経た二〇二〇年の現在も、当時直観的に予測されていた社会の「変化」は、この社会に潜在したままで、原発再稼働にみられる「復旧」のみが目立つ。首都圏直下型地震と東南海トラフ地震の向こう三〇年間の発生確率が八〇パーセントと予測されているにもかかわらず、である。

宮沢賢治と津波の海

海に向かって壊滅した町を一望に収める石巻市の日和山公園の頂きには、震災の直後段ボールを長方形につなぎ合せて「雨ニモマケズ」の全文が黒い楷書文字で記されてあった。賢治は、死者・

行方不明約二万二千人を記録した一八九六年の「明治三陸地震」（マグニチュード八・二）の二か月後に生まれた。そして世を去る半年前の一九三三（昭和八）年三月三日、約三千人の犠牲者を伴った「昭和三陸地震」（マグニチュード八・一）が起きた。二つの三陸大地震の間を生きた賢治の身体性が予見していたのだろうか、日和山公園にある賢治の碑に、あたかも津波を予感するような「われらひとしく丘にたち」の詩が刻まれている。

明治四十五（一九一二）年五月二十七日、賢治が中学校四年の修学旅行の折に、北上川を川蒸気で下り、石巻の日和山から生まれて初めて海をみて強い感動を受け、その折の印象をこのように詠んだ。

われらひとしく丘にたち
青ぐろくしてぶちうてる
あやしきもののひろがりを
東はてなくのぞみけり
そは巨いなる鹽の水
海とはおのもさとれども
傳へてききしそのものと
あまりにたがふここちして

ただうつつなるうすれ日に
そのわだつみの潮騒の
うろこの國の波がしら
きほひ寄するをのぞみゐたりき

苦しみ、もがき、希望を失わず生きる

岩手県宮古市の郊外、重茂《おもえ》半島の丘陵を縫う浜街道の光景に息を呑んだ。左側の谷間から遥か海辺まで、壊滅した人家が累々と連なる。右側の断崖直下、波静かな入り江に白砂の孤を描き、陸中海岸国立公園・浄土ヶ浜が静まりかえっている。三百年の昔、訪れた高僧が「極楽浄土のごとし」と感嘆した絶景のままに。

架橋の中央に立つと、左右の光景が同時に視界に入る。

この信じ難い現実を、どのように受け止めるのか。

仏教と日本人の自然観が融合した浄土を表現する最高傑作として、人類共有の世界文化遺産に指定された平泉・毛越《もうつう》寺《じ》の大泉が池畔に、藤里明久貫主代行を訪ねた。毛越寺は嘉祥三年（西暦八五〇年）慈覚大師円仁によって開山された。その一九年後、三陸地方に貞観十一年の大地震が起きた。さらに約千年を経て今回の大震災に遭った。

「ある漁師さんが、私は家族を失ったけれども、やっぱり海に出たい、とおっしゃっていました。重みのある言葉だと思います。我々は自然から逃れることも、自然を拒否することもできない。そういう所に生きているのが私らだということを震災に遭い、身体全体で受け止めたと思っています。浄土というのは単なる理想ではなくて、この現実の中で苦しみながら、もがきながら、しかし希望を失わずに生きることだと私は思っているんです。仏教者は、その希望の明かりを少しでも灯して、水先案内をしなければならない。しっかりと、小さくてもいいですから何らかの明かりを灯す。人間の弱さを知っているということが宗教者の一番大切なことですから、人の弱さに寄り添っていくことが、今は大事だと思っているところです」。

翌二〇一二年七月七日夜、ライトアップされた浄土ヶ浜の岩塊群を背景に、平泉の浄土思想を今に伝える毛越寺の延年舞（国の重要無形民俗文化財）「老女」が厳かに舞われた。演者は藤里貫主だった。

浄土ヶ浜で舞う意義を問われ、藤里貫主は次のように答えた。

「沿岸を含め東北はかって藤原氏が統治し、仏国土を作ろうとした地域。平泉にとってもかけがえのない地域だ。浄土といわれる浄土ヶ浜で鎮魂の行事を行いたい、と熱心なお話があった。死者の霊を舞で慰めたい」。

――「老女」が表現するものとは。

「災いが少なく、疫病、戦乱のない時代を乗り越えたからこそ老婆は長命した。それを感謝して舞を舞う」。

「舞を通じて神仏の力を引出し、そのご加護により多くの方を救っていただく。舞や演者に人を救う力があるわけではない。真摯に舞う心持ちが通じる」。(『岩手日日新聞』二〇一二年七月八日)

藤里貫主による「延年舞」の風景を、『岩手日日新聞』は『真摯な心』に救う力」、『岩手日報』は「鎮魂の七夕、幽玄延年舞」との見出しで報じた。「魂の不滅のふる里」の風景への共感が伝えられたといえよう。

中尊寺・金色堂に合祀された賢治

昭和三十四(一九五九)年、中尊寺は藤原三代公の遺体をおさめた金色堂に宮沢賢治を合祀した。中尊寺ではその日、哲学者谷川徹三氏を招き、金色堂の近くに設けられた賢治の詩碑「中尊寺」の除幕式が行われた。

谷川は本堂での講義で賢治の詩「われはこれ塔建つるもの」を朗読した。

手は熱く足はなゆれど
われはこれ塔建つるもの

滑《すべ》り来し時間の軸の
をちこちに美《は》ゆくも成りて
燦々《さんさん》と暗《やみ》をてらせる
その塔のすがたかしこし

熱にうなされながら賢治は書いた。密やかな祈り、自戒のつぶやきである。それは暮らしの中で、めいめいが心に塔を建ててほしいと求める法華教の精神である。

「谷川徹三氏はそのように語りました」。佐々木邦世中尊寺仏教文化研究所長は賢治と中尊寺の深い縁を明かした。

除幕式の後、薗実円貫主ら一山の僧たちは金色堂に入り、予め決めてあった式次第に従い、賢治の霊を合祀し、供養した。

知られざる中尊寺金色堂の史実である。

3・11と魂の行方

蘇った『遠野物語』

岩手県遠野市の中心街に市立博物館がある。東日本大震災の翌年二〇一二年二月二十一日、前川さおり学芸員を一人の男性が訪ねてきた。『遠野物語』第九十九話「魂の行方」の四代後の子孫でした」。

——第九十九話には明治三陸地震津波の話が出てくる。『遠野物語』話者・佐々木喜善の大叔父にあたる「福二」という人は、山田長田ノ浜という三陸の海に面した集落に婿にいってい た。明治三陸地震津波で家を流され、妻と子を失い、仮小屋をかけて生き残った子ども二人を育てながら暮らしていた。津波から一年後の夏の始めの月夜に、妻のまぼろしと出会う。妻は結婚前に心通わせ、同じく津波で死んだ男と渚を歩いていた。呼び止めると妻は振り返り、この男と夫婦になったという。福二が、子供は可愛くはないのかと問うと、妻は顔色を変えて泣くが、やがて男と共に立ち去り消えていく。福二は追いかけるが、既に死んだ者と気づき、夜明けまで道中に立ちつくし、その後、長く病んでいたという。

この話は『遠野物語』の題目では「魂の行方」に分類される話で、幽霊譚のようなものととらえられてきた。しかし一人の被災者の「心の物語」と捉えなおすことができるのではないか。震災を経て初めて気づいた。福二という男は、被災して仮設住宅で、男手ひとつで必死に子どもを育てている。津波によって受けた心の傷は癒えず、心身ともに疲れもたまってくるころであったろう。心に区切りを付けなければと思いながら、それができず葛藤の中でたちすくんでしまった。そして長く患ったという病は、災害による精神的なストレスによる病ではなかったのだろうか。この話は、遠野と三陸の精神的な近さと被災者の心のあり様を語り継ぐ、という内陸の遠野らしい繊細な記憶の仕方を示している。

そんな風に考えていたところ、平成二十四年二月二十一日に「福二」の四代後の子孫にあたる男性が遠野市立博物館を訪ねてきた。聞けば男性は山田町に住んでいて、津波で家を流され、流失した家系図の復元をするために遠野の親戚を訪ねて歩いているとのことであった。親戚・家族の間では、(福二が長く患った)病のせいかあまり福二の話をしたがらなかったという。

ただ一人、(男性の)母親だけが「本を買え、『遠野物語』に家の話がある。先祖のことだから、しっかり覚えておけ」と教えてくれた。しかしその母も今回の津波で行方不明になった。男性は母親を探して遺体安置所を巡り歩き、何百もの遺体を見ながら、「自分の先祖以外にもたくさんの悲しみがあったはずなのに、その物語はどうなったのだろう」と思ったという。そして「ただの教訓ではなく、人の口で伝えられた話こそが力を持つ。一人ひとりが血の通った物語を語り継ぐことでしか、次世代の悲しみはなくせない」。福二の四代目に当たる男性はそう語った。

（前川さおり「二つの津波と遠野〜明治三陸地震津波と東日本大震災から」）

『遠野物語』第九十九話の再現か、と思わせる出来事が、東日本大震災の現場で繰り返されたことを前川さんはこのように紹介している。『遠野物語』第九十九話「魂の行方」を幽霊譚ではなく、被災者の「心の物語」ととらえる前川さんの指摘は共感を誘う。

魂の行方が問われる

科学で説明のつかない不思議な体験が、東北の被災地で次々に語られているという。見えない力を目の当たりにした人々の心の移ろいをつづる。

目の前で水の中に沈んでいった母、がれきの下から見つかった三歳の息子。逝ったはずの人々がある日、悲しみの底にいる家族の前に姿を現す。決してもう戻って来ない。それでも残された人は「元気な様子」に安心し、死者との再会で生きる力を得ていく。

慰霊とは、霊が遺族を慰める過程をも含むのかもしれない。

（『朝日新聞』「試写室」欄、「NHKスペシャル　亡き人との〝再会〟」の批評）

犠牲者の遺体を確認することにより、死体は死者となり、残された者の心の対話の相手に変化する。語り継がれてきた民話、『遠野物語』の生と死の諸相は、東日本大震災の現場から新たな語り手によって語り継がれ、大自然と人間の営みがつむぐ日本文化の深層を作っていくことであろう。それは河童、山男、雪女、狼がうごめく柳田國男の『遠野物語』に、自然界に暮らす日本人の生活流儀を刻印し続ける伝承の記録となろう。

――なぜ東北の被災地で怪異譚が生まれるのか。文芸評論家東雅夫さんは「何が今東北なのか」を指摘する。「東北という、自然と一体化した独自の文化を育んできた土地柄が大きい。山深く厳しい自然。震災、冷害、大和朝廷の侵略といろんな苦難の歴史もありました。あの世とこの世の境界線が、もともとあいまいな風土なんです。その境界領域に生まれるのが怪談ですから。今生まれている話は、まさに『二十一世紀の遠野物語』だと思いますよ」。

（『朝日新聞』二〇一三年八月八日「新・遠野物語」）

柳田國男は『遠野物語』の初版序文で「国内の山村にして遠野よりさらに物深き所にはまだ無数の山神山人の伝説あるべし。願わくばこれを語りて平地人を戦慄せしめよ」と記した。3・11は私たち平地人に失われた多くの魂の行方を問うた。戦慄を覚える問いである。

〈コラム〉『遠野物語』第九十九話「魂の行方」

土淵村の助役北川清と云《い》ふ人の家は字《あざ》火石《ひいし》に在り。代々の山臥《やまぶし》にて祖父は正福院《しょうふくいん》といひ、学者にて著作多く、村の為に尽したる人なり。清の弟に福二といふ人は海岸の田の浜へ婿《むこ》に行きたるが、先年の大海嘯に遭ひて妻と子とを失ひ、生き残りたる二人の子と共に元の屋敷の地に小屋を掛けて一年ばかりありき。夏の初めの月夜に便所に起き出《い》でしが、遠く離れたる所に在りて行く道も浪の打つ渚なり。霧の布《し》きたる夜なりしが、その霧の中より男女二人の者の近よるを見れば、女は正《まさ》しく亡くなりし我《わが》妻なり。思はず其《その》跡をつけて、遥々と船越村の方へ行く崎の洞《ほら》ある所まで追ひ行き、名を呼びたるに、振り返りてにこと笑ひたり。男はと見れば此《これ》も同じ里の者にて海嘯の難に死せし者なり。自分が婿に入りし以前に互いに深く心を通はせたりと聞きし男也。今は此《この》人と夫婦になりてありと云ふに、子どもは可愛《かわい》くは無いのかと云へば、女は少しく顔の色を変へて泣きたり。死したる人と物言ふとは思はれずして、悲しく情《なさけ》なくなりたれば足元を見て在りし間に、男女は再び足早にそこを立ち退きて、小浦へ行く道の山陰を廻《めぐ》り見えずなりたり。追ひかけて見たりしがふと死したる者也と心付き、夜明けまで道中《みちなか》に立ちて考へ、朝になりて帰りたり。其後久しく煩ひたりと云へり。

「日本はかならず　日本人がほろぼす」——あとがきにかえて

瀟洒、跌宕、美を想う

富士山初冠雪の翌朝、私は河口湖畔に立つのが習わしである。それから本栖湖、田貫湖へ向かう。穏やかな水面を前景とする富士山は、「瀟洒」（すっきり、あかぬけている）、「跌宕《てっとう》」（奔放、堂々としていて細事にかかわらない）、「美」（美しく立派なこと。感覚を刺激して内的快感を呼び起こす）を表現してやまない。日本風景美の三要素とみた地理学者志賀重昂の『日本風景論』（一八九四年、明治二十七年）が思われる。

「自然は芸術を模倣する」とは、皮肉屋オスカー・ワイルドの逆説めく言である。だが、和服の彩りや修験道者の道場にとどまらない。富士山の形象美は私たち日本人の美意識と精神の形成に深くかかわってきた。芸術を含む「文化は自然を模倣する」と私は考えている。世界遺産委員会が「富士山―信仰の対象と芸術の源泉」を世界文化遺産への推薦の正式な名称としたゆえんである。ワイルドと同じ英国の作家ロレンス・ダレルは「人間は遺伝子の表現というよりは、風景の表現である」と記している。なるほど、かのアメリカ大統領の言動などは、アメリカ合衆国的原風景、カウボーイ（あるいはガンマン）の戯画を思わせるではないか。

カウボーイ大統領よ

あなたが唾を吐いた温暖化防止条約のルーツを思い返すがよい。一九八〇年夏、巨大な高気圧がアメリカの穀倉地帯に二か月間居すわった。中西部の干ばつによって、この年の穀物生産量は一億九〇〇〇万トンにとどまり、アメリカ国内で年間に消費される二億六〇〇〇万トンを満たせなかった。高気圧が長期間居すわるブロッキング現象について上院公聴会で問われたハンセン海洋大気局長は、「二酸化炭素の温室効果による高温化と降雨パターンの変化により、干ばつが繰り返される可能性が高い」と警告した。同時にハワイ島マウナロア山観測所での海洋大気局のデーターが、毎年ほぼ一 ppmのスピードで大気圏内二酸化炭素濃度の上昇を記録していることも明らかにされた。温暖化防止条約の原点である。

資源、環境の制約などありはしない。炭鉱労働者の雇用のために火力発電所を増やせ、環境省など邪魔だ、予算を付けるな、といわんばかり。イケイケ、ドンドン、二丁拳銃を振りかざし、ドンドン、パチパチ、カウボーイ経済に戻って、無限な経済成長を遂げることこそがアメリカの国是である。そのゴルフ仲間と称する日本の首相も、負けずにこちらも戦国時代の故事〝三本の矢〟にちなんだ何とかミックス政策（三本の矢は分解寸前だが）を掲げ、その同類相集う衆議院選挙に圧勝した。

カニは甲羅に似せて穴を掘り、国民は自らにふさわしい政府をつくる。「瀟洒」「跌宕」「美」とは真逆の日本社会と日本人の姿が二〇一七年のこの年露呈したのである。

温暖化は文化を破壊する

皆してハメルンの笛吹き男にくっついて、行き着くところまで行くしかない。安倍晴明のご託宣を待たずとも、首都圏直下型だのトラフ型大地震とやらで、向こう三〇年間に八〇パーセントの確率で日本列島は沈没を免れないと予測されているではないか。自分の明日ある幸福などに関心は持てないし、それを信ずる手がかりもないのだから。

しかし人間がその生命を依拠している自然環境は、人間の勝手な振る舞いを許さない。寺田寅彦の言ではないが、自然には自然の論理がある。人為の事情とは関係なく、地球の温暖化とトラフ型地震が一例であるが、自然は常にその固有の論理を科学的に貫徹しようとしている。

二〇一七年、山火事はわが愛飲するカリフォルニアワインの谷を燃やし、フロリダ・キーウエスト在の敬愛するヘミングウェイの館を、史上最強のサイクロンが襲った。

気候変動枠組条約は、ジェームズ・ワットの蒸気機関発明以来、二百余年に亘る自然破壊行為に対し、人類が示したささやかな反省の白旗である。だが、アメリカ伝統の宗教的反知性主義の権化である大統領は、それすらへし折ってしまった。

気象庁は、地球温暖化による海面水温の上昇により、日本の南海上で猛烈な台風の発生頻度が増えると警告している。自然災害の頻発に耐え切れず二〇一九年、損害保険会社は保険料金を一斉に値上げした。

大気の変化は元に戻すことが著しく困難か、不可能な「不可逆変化」である。この認識が国連気候変動枠組条約を実現させた。

自然界の固有の論理は、温暖化による気候の変化が比較的少ないとみられる中緯度にある日本列島でもジワリ、ジワリと現実に現われつつある。稲の高温障害による未熟米が全国で発生している。出穂後に高温が続いたためだ。害虫の多発、胴割れ粒の発生も相次いでいる。ぶどうの着色不良・日焼け、温州みかんの浮皮、野菜と花の生育不良、開花時期のずれも著しい。稲の高温耐性種への切り替えは、農業界の常識となってきた。温暖化が進むと主要な穀物は減収する恐れがあると農水省は予測している。農業は文化の集積である。温暖化は餓死を招く前に、究極として文化を破壊する。京都の紅葉が十二月も間近にずれ込んで久しい。直後に雪、そして正月を迎えなくてはならない。

「あじさゐに腐臭ただよい」

政府・政治家、霞が関官僚、東西財界・経済人の行動と教養の劣化現象はただごとではない。為政者からここまでコケにされ、なお自覚できない少なからぬ日本国民の正体とは。

哲学者國分功一郎は日本人多数の心の持ちようが困難な事態に陥った構造の素描を試みている。

——すべては、人が何らかの信ずる価値を持てずにいることに由来しているように思われる。

何かを信じていないから、何でもすぐに信じてしまう。自分の幸福への無関心もおそらくそこ（軽信とシニシズム）に由来する。

だから、自分の生きる場が危険に晒されても、それに真剣に対応しようとしない。だまされてもシニシズム（冷笑主義）でやり過ごせる。

政権の知らんぷりが通用するのは、私たちが「これだけは譲れない」という何らかの価値を信じることができずにいるからだろう。政権はそのことを見抜いているから、このような事態に陥っても少しも焦っていないのである。（要旨）（『朝日新聞』二〇一八年七月十一日文芸・批評欄）

塚本邦雄第二一歌集『風雅黙示録』の「夢の市郎兵衛」から二首。

あぢさゐに腐臭ただよひ　日本はかならず　日本人がほろぼす

八方破れ十方崩れみなずきの　われのゆくてにネオナチもゐる

滝壺を間近に、踏みとどまれないものか。流れに抗し、立ち直る手がかり、足場はないのだろうか。

アマゾン大河句会から

日本人がアメリカ大陸へ移住しはじめて百年を機に、毎日新聞社会部の記者だった私は、南北アメリカ大陸の日系人移住地をアラスカからアルゼンチンまで、長期間にわたり取材した。日本人が移住先の社会で日本文化をどう保ち、変化させていったのか。「文化の変容」が取材の課題だった。アンデス山脈からアマゾン川へ向かい、支流アカラミリンの日系人移住地トメアスを訪ねた。赤い土の道（テラロッサ）を船着き場から集落へ向かう折に、人口千数百の村にしては異様に多い墓標に気付いた。南緯三度、酷暑とマラリアが猖獗する中で、原始林を拓いて火を放ち、畑を作る苛酷な開拓に、日本人の勤勉さが仇となり、恐るべき数の犠牲者の人柱を築いたのだと聞かされた。

トメアスは戦後、胡椒の栽培に成功、億万長者の村として盛名を馳せる。「大河句会」などという俳人グループの句誌も発刊され、「秋冷えや　襟元清き　妻とゆく」など日本での記憶をたどったとみられる句も詠まれていた。

山形県最上川の河口の村から十五歳でトメアスに移住した初老の男性は、暮らしのあまりの厳しさに何度か志が挫けかけた。

さまざまな対象に心のよりどころを求めたあげく、「私を死から思いとどめさせてくれたのは、故郷の自然と人々のたたずまいの景でした」と漏らした。

溺れていく人間を最後に踏みとどまらせた水底の岩盤――それが少年時代の風景であったという。厳しい自然にたゆまず立ち向かい続ける最上川河口の人々の生業の景色が、当時〝緑の地獄〟などと称されていたアマゾンの、孤独な日本人に生きる力を甦らせたのであろう。顧みて、かけがえのない価値とはなにか。東南海トラフ地震や首都直下地震にとどまらない。政治や経済の混乱、人心の異変によって直面するであろう、生活の場が危機にさらされた時の心構えを、文化の表現である風景、共感をもたらす可能性のある「原風景」から読み取り、固めておきたい。

試練を経て脈々と存在し続ける風景にこめられた意味、メッセージを解読し、混迷から蘇生への心の手がかりを得られないだろうか。

「出版とは時空を超えた言論の場。社会に問題を提起する文化活動だ」。古武士のような風格。「気骨の出版人」は混迷する時代の先をにらんでいる。

（『朝日新聞』二〇二〇年三月二十一日、藤原書店社主藤原良雄さんインタビュー）

文化としての「環境日本学」のあり方を探求する早稲田環境塾の叢書、『高畠学』（二〇一一年）、『京都環境学——宗教性とエコロジー』（二〇一三年）をいずれも藤原書店から出版した。本書を塾第3叢書と位置づけている。

塾の理念を一貫して支えていただいている藤原社主と編集者刈屋琢さんのご尽力に、心底から感謝している。

二〇二〇年三月

原　剛

早稲田環境塾について

1. 塾生は5セクターから

持続する社会発展を目指し、現状を変革するために行動するキイパーソンの育成が塾の目的である。原剛名誉教授を塾長に、2008年早稲田大学大学院アジア太平洋研究科に開設した。

その後早稲田大学総合研究所に設けられた早稲田環境学研究所に属し、大学、企業、自治体、NGO、ジャーナリズムの5セクターから毎回50名の塾生を募り、2008年11月に第1講座を開講した。2018年までに第10講座を数えた。

2.「環境日本学」の創成

塾は「環境」を自然、人間、文化の三要素の統合体として認識し、持続可能な社会発展の原型を地域社会の実践に学ぶこととした。このため京都（環境思想）、山形・高畠町（農業）、北海道・標茶町（自然保護）、北京大学（地域社会）を調査、研究及び協働の場として合宿を重ねてきた。

塾は日本文化の伝統を礎に、過去の“進歩”を導いた諸理念を越える革新的再興を理念とし、「環境日本学」（Environmental Japanology）の探求を試みる。

3. 塾の活動歴

塾は利益を目的としないNPOとして運営され、受講者の負担を最小限にするためJR東日本、Jパワー（電源開発）など企業、財団の助成を継続して受けた。

塾は各方面の注目を集めた。NHKテレビ「視点・論点」で「今なぜ早稲田環境塾か」が紹介された。栗原彬立教大名誉教授編『ひとびとの精神史9　震災前後』（岩波書店）、東郷和彦元外務省欧州局長著『戦後日本が失ったもの——風景・人間・国家』（角川書店）にそれぞれ早稲田環境塾の活動が記述されている。

塾は叢書『高畠学』、『京都環境学——宗教性とエコロジー』を藤原書店から刊行した。

著者紹介

原　剛（はら・たけし）

1938年生まれ。早稲田環境塾塾長、早稲田大学名誉教授、毎日新聞客員編集委員。農業経済学博士。1961～98年毎日新聞社会部記者、デスク、科学部長、編集委員、論説委員。1998年早稲田大学大学院アジア太平洋研究科教授。早稲田大学特命教授、教務部、国際部参与を歴任。1993年国連グローバル500・環境報道賞受賞。

著書に『新・地球環境読本』（福武書店）『日本の農業』（岩波書店）『農から環境を考える』（集英社）『バイカル湖物語』（東京農大出版部）『中国は持続可能な社会か』（同友館）『環境が農を鍛える』（早稲田大学出版部）など多数。

中央環境審議会、総理府21世紀地球環境懇談会委員、東京都環境審議会委員、東京都環境科学研究所外部評価委員会委員長、立川市、小金井市環境審議会会長、農政審議会委員、全国環境保全型農業推進会議委員、日本環境ジャーナリストの会会長などを歴任。日本自然保護協会参与、日本野鳥の会評議員、トヨタ自動車白川郷自然学校理事。

（写真）**佐藤充男**（さとう・みつお）

1958年生まれ。写真家・広川泰士に師事。博報堂写真部、フォトプロダクションPointerを経て、現在フリーランスの写真家として活動中。日本広告写真家協会会員。APA展優秀賞CANON賞、毎日広告賞、日本産業広告総合展優秀賞、新聞広告賞優秀賞など。

日本《にほん》の「原風景《げんふうけい》」を読《よ》む　――危機《きき》の時代《じだい》に

2020年5月10日　初版第1刷発行©

著　者　原　剛
発行者　藤原良雄
発行所　株式会社　藤原書店

〒162-0041　東京都新宿区早稲田鶴巻町523
電　話　03（5272）0301
ＦＡＸ　03（5272）0450
振　替　00160-4-17013
info@fujiwara-shoten.co.jp

印刷・製本　精文堂印刷

落丁本・乱丁本はお取替えいたします
定価はカバーに表示してあります

Printed in Japan
ISBN978-4-86578-264-6

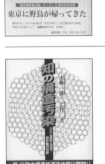

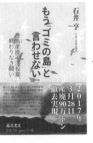

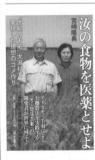

ゴルフ場問題の〝古典〟

新装版
ゴルフ場亡国論
山田國廣編

リゾート法を背景にした、ゴルフ場の造成ラッシュに警鐘をならす、「ゴルフ場問題」火付けの書。現地で反対運動に携わる人々のレポートを中心に構成したベストセラー。自然・地域財政・汚職……といった「総合的環境破壊としてのゴルフ場問題」を詳説。

カラー口絵
A5並製　二七六頁　**二〇〇〇円**
（一九九〇年三月／二〇〇三年三月刊）
◇978-4-89434-331-3

現代日本の縮図＝ゴルフ場問題

ゴルフ場廃残記
松井覺進

九〇年代に六百以上開業したゴルフ場が、二〇〇二年度は百件の破綻、負債総額も過去最高の二兆円を突破した。外資ファンドの買い漁りが激化する一方、荒廃した跡地への産廃不法投棄も続いている。環境破壊だけでなく人間破壊をももたらしているゴルフ場問題の異常な現状を徹底追及する迫真のドキュメント。

口絵四頁
四六並製　二九六頁　**二四〇〇円**
（二〇〇三年二月刊）
◇978-4-89434-326-9

水再生の道を具体的に呈示

改訂二版
下水道革命
〈河川荒廃からの脱出〉
石井勲・山田國廣

家庭排水が飲める程に浄化される画期的な合併浄化槽「石井式水循環システム」の仕組みと、その背景にある「水の思想」を呈示。新聞・雑誌・TVで、〝画期的な書〟と紹介された本書は、今、瀕死の状態にある日本の水環境を救う具体的な指針を提供する。

A5並製　二四〇頁　**二三三〇円**
（一九九〇年三月／一九九五年一一月刊）
品切◇978-4-89434-028-2

〝水の循環〟で世界が変わる

水の循環
〈地球・都市・生命《いのち》をつなぐ〝くらし革命〟〉
山田國廣編
本間都・山田國廣・加藤英一・鷲尾圭司

いきいきした〝くらし〟の再創造のため、漁業、下水道、ダム建設、地方財政など、水循環破壊の現場にたって変革のために活動してきた四人の筆者が、新しい〝水ヴィジョン〟を提言。

図版・イラスト約一六〇点
A5並製　二五六頁　**二二〇〇円**
（二〇〇二年六月刊）
品切◇978-4-89434-290-3

"人間は森の寄生虫"

見えないものを見る力

〈「潜在自然植生」の思想と実践〉

宮脇 昭

"いのちの森づくり"に生涯を賭ける宮脇昭のエッセンス。「自然が発する微かな情報を、目で見、手でふれ、なめてさわって調べれば、必ずわかるようになる。」「災害に強いのは、土地本来の本物の木です。本物とは、管理しなくても長持ちするものです。」(本文より)

カラー口絵八頁

四六上製 二九六頁 **二六〇〇円**

(二〇一五年二月刊)

◇978-4-86578-006-2

少年少女への渾身のメッセージ!

人類最後の日

〈生き延びるために、自然の再生を〉

宮脇 昭

未来を生きる人へ——「死んだ材料を使った技術は、五年で古くなりますが、いのちは四十億年続いているのです。私たちが今、未来に残すことのできるものは、目先の、大切ないのちに対しては紙切れにすぎない、札束や株券だけではないはずです。」(本文より)

カラー口絵四頁

四六上製 二七二頁 **二二〇〇円**

(二〇一五年二月刊)

◇978-4-86578-007-9

「ふるさとの森を、ふるさとの木で」を国民運動に

東京に「いのちの森」を!

宮脇 昭

人の集中に伴い、自然環境は必ずダメージを受ける。東京はかろうじて緑が残る都市だが、どんどん減少している。二、三本の木からでも森はできる。千年先に残る本物の緑の都市づくりのため、"いのちの森"づくりに生涯を賭ける、世界を代表する植物生態学者が、渾身の提言。**〈対談〉川勝平太/ワンガリ・マータイ　カラー口絵四頁**

四六変上製 二一六頁 **一六〇〇円**

(二〇一八年九月刊)

◇978-4-86578-193-9